知识产权
简明问答

主　编　　刘怀章

郑州大学出版社

图书在版编目(CIP)数据

知识产权简明问答／刘怀章主编. — 郑州：郑州大学出版社，2023.5
ISBN 978-7-5645-9668-2

Ⅰ. ①知… Ⅱ. ①刘… Ⅲ. ①知识产权 - 中国 - 问题解答
Ⅳ. ①D923.4-44

中国国家版本馆 CIP 数据核字(2023)第 064847 号

知识产权简明问答
ZHISHI CHANQUAN JIANMING WENDA

策划编辑	胥丽光	封面设计	王　微
责任编辑	张　帆	版式设计	王　微
责任校对	胥丽光	责任监制	李瑞卿

出版发行	郑州大学出版社	地　　址	郑州市大学路40号(450052)
出 版 人	孙保营	网　　址	http://www.zzup.cn
经　　销	全国新华书店	发行电话	0371-66966070
印　　刷	河南瑞之光印刷股份有限公司		
开　　本	710 mm×1 010 mm　1／16		
印　　张	15.25	字　　数	244 千字
版　　次	2023 年 5 月第 1 版	印　　次	2023 年 5 月第 1 次印刷

| 书　　号 | ISBN 978-7-5645-9668-2 | 定　　价 | 89.00 元 |

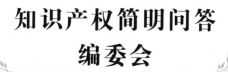

知识产权简明问答
编委会

主　编　刘怀章

副主编　吴灯展　詹启智　王黎春　尚照辉
　　　　　杨宝军　张晓燕

编　者（以姓氏笔画为序）
　　　　　王黎春　牛佳佳　刘　罡　刘玉忠
　　　　　刘怀章　刘明江　许辉猛　李文江
　　　　　李勇敢　杨宝军　吴灯展　张　瑞
　　　　　欧阳曦　尚照辉　房　磊　姜春艳
　　　　　詹启智　翟媛媛　穆向明　魏丽丽

序　言

2021 年 9 月 22 日，中共中央、国务院印发了《知识产权强国建设纲要（2021—2035 年）》（以下简称《纲要》），这是以习近平同志为核心的党中央就知识产权事业发展作出的重大顶层设计，擘画了新时代建设知识产权强国的宏伟蓝图，是我们做好新时代知识产权工作的根本遵循和行动指南。

中共河南省委、河南省人民政府高度重视知识产权工作，始终坚持以习近平新时代中国特色社会主义思想为指导，认真贯彻落实中共中央、国务院决策部署，突出高质量，奋进新时代，谱写新篇章，全省知识产权工作取得了突出成就，知识产权创造量质齐升，知识产权保护坚强有力，知识产权运用效益显著提高，知识产权高质量发展格局加快形成，为谱写新时代中原更加出彩的绚丽篇章提供了坚实的知识产权保障。

河南省知识产权事业事关全省实现"两个确保"奋斗目标，也紧密联系着广大百姓的切身利益。踏上新的"赶考"之路，实施"十大战略"，奋力开创知识产权强省建设新局面，以《纲要》所涉及的知识产权工作基本知识问答形式为主要内容的《知识产权简明问答》付梓，旨在立足新发展阶段、贯彻新发展理念、构建新发展格局，准确把握加强知识产权保护是完善产权保护制度最重要的内容，进一步加强面向全社会的知识产权宣传普及，动员全省知识产权工作者与新时代同频共振，与各领域携手共建，全面提高河南省知识产权的创造质量、运用效益、保护效果、管理能力和服务水平，扎实推进知识

1

产权事业高质量发展。

大河春既早,中原日不闲。让我们更加紧密地团结在以习近平同志为核心的党中央周围,只争朝夕,不负韶华,万众一心加油干,奋力开启新时代知识产权强省建设的新征程!

本书在编写过程中,得到了河南财经政法大学、河南工业大学和河南牧业经济学院等省属高校专家学者的大力支持和帮助,在此谨致谢意。也期待读者能不吝赐教,给予批评指正,以不断改进我们的工作。

刘怀章

2022 年 12 月 8 日

前 言

为了贯彻落实《知识产权强国建设纲要（2021—2035 年）》，提升全民知识产权意识，服务企业知识产权工作，推动我国知识产权强国建设，河南省知识产权局、河南省科技期刊传媒集团组织有关专家编写了这部《知识产权简明问答》。

为使全书内容具有新颖性、权威性和实用性，我们以我国现行有效的知识产权法律、法规体系的相关规定，特别是以依照 2019 年 4 月 23 日第十三届全国人民代表大会常务委员会第十次会议《全国人民代表大会常务委员会关于修改〈中华人民共和国建筑法〉等八部法律的决定》修改、实施的《中华人民共和国商标法》《中华人民共和国反不正当竞争法》，2020 年 10 月 17 日第十三届全国人民代表大会常务委员会第二十二次会议《关于修改〈中华人民共和国专利法〉的决定》第四次修正、实施的《中华人民共和国专利法》和 2020 年 11 月 11 日第十三届全国人民代表大会常务委员会第二十三次会议《关于修改〈中华人民共和国著作权法〉的决定》第三次修正、实施的《中华人民共和国著作权法》，2021 年 12 月 24 日第十三届全国人民代表大会常务委员会第三十二次会议通过全国人民代表大会常务委员会《关于修改〈中华人民共和国种子法〉的决定》第四次修正的《中华人民共和国种子法》为基础，凝练问题并进行解答。其他知识产权主要是以现行有效的法规，如《集成电路布图设计保护条例》《海关知识产权保护条例》和规章及《展会知识产权保护办法》等为基础,凝练问题并进行解答的。基于我国知识产权保护事业的高速发展,为了使本书更具前瞻性,我们参照相关法规、规章修订的征求意见稿凝练出相关问题并进行解答,如《中华人民共和国植物新品种保护条例修订草案(征求意见稿)》《地理标志保护规定(征求意见稿)》《商业秘密保护规定(征求意见稿)》等。此外,在编写过程中,我们借鉴的学术界部分成熟的学术观点和资料,也构成了部分问题凝练与解答的重要基础。

本书是全体作者通力合作的结晶。初稿由河南省知识产权局原副局长吴灯展、处长杨宝军,河南省知识产权事务中心高级工程师李勇敢,中共河南省委党校教授刘玉忠,河南科技期刊传媒集团编审人员王黎春、刘罡、张瑞、尚照辉完成。初稿完成后,河南财经政法大学知识产权学院教授魏丽丽、河南工业大学法学院教授李文江共同对第1~3章进行第一次审改,河南财经政法大学知识产权学院教授詹启智、河南牧业经济学院文法学院教授刘明江共同对第4~5章进行第一次审改,河南财经政法大学知识产权学院教授许辉猛、河南工业大学法学院副教授穆向明共同对第6~7章进行第一次审改。第一次审改,主要对初稿本身存在的问题进行修改,提高书稿质量,完成二稿。第一次审改完成后,由詹启智教授对第1章、第6章进行第二次审改,李文江教授对第2章进行第二次审改,魏丽丽教授对第3章进行第二次审改,许辉猛教授对第4章进行第二次审改,刘明江教授、詹启智教授对第5章进行第二次审改,穆向明副教授对第7章进行第二次审改。第二次审改主要根据最新法律法规和最新学术成果,对二稿中存在的问题进行修改增删,重新凝练并回答了部分问题,进一步提升书稿质量,完成三稿。最后,由詹启智教授对全书进行总纂,修改、完善三稿中存在的部分问题,补充并回答部分问题,以问答形式统一全书体例。本书专家审定会议后,詹启智教授再次根据相关专家意见对全稿进行修改、完善后,由河南省知识产权局刘怀章局长审定并作序。

在本书的编写过程中,我们参考了不少有关论著,在此对相关作者一并表示衷心的感谢。

在本书的出版过程中,我们得到了郑州大学出版社领导和同志的大力支持和帮助,在此表示衷心的感谢。

由于作者水平所限,且本书在较短时间内竣稿,书中难免存在疏漏与谬误,敬请广大读者朋友批评指正,以便我们在修订时改进工作。

编　者

2022 年 12 月 15 日

目 录

1

第六章 知识产权司法和行政保护 ························· 154

第一章　知识产权综合知识

1 / 知识产权及其基本分类是什么?

知识产权是指自然人、法人或非法人组织对其智力创作成果依法享有的专有权利。在我国台湾和香港,则通常称之为智慧财产权或智力财产权。根据《中华人民共和国民法典》(简称我国《民法典》)第 123 条的规定,知识产权是民事主体依法享有的权利,即权利人依法就作品、发明创造(包括发明、实用新型、外观设计)、商标、地理标志、商业秘密、集成电路布图设计、植物新品种和法律规定的其他客体享有的专有的权利。概括起来说,知识产权是基于创造性智力成果和工商业标记依法产生的权利的统称。

知识产权主要指"权利人对其智力劳动所创作的成果享有的财产权利",一般只在有限时间内有效;也有著作权和专利权包括的部分人身权利,人身权的保护没有时间限制,具有永久性。各种智力创造比如发明、外观设计、文学和艺术作品,以及在商业中使用的标志、名称、图像等,都可被认为是某一个人或组织所拥有的知识产权。广泛使用"知识产权"这一术语是 1967 年世界知识产权组织成立后出现的。根据《建立世界知识产权组织公约》的规定,它是在工业、科学、文学或艺术领域内由于智力活动而产生的一切权利。随着科技的发展,为了更好保护产权人的利益,知识产权制度应运而生并不断完善。知识产权与人类的生活也息息相关,知识产权处处存在,知识产权在市场竞争中具有重要作用。

传统观点认为,知识产权有两大类:一类是著作权(也称为版权、文学产权),是指自然人、法人或者非法人组织对文学、艺术和科学作品依法享有的财产权利和精神权利的总称,主要包括著作权及与著作权有关的邻接权;另一类是工业产权,由发明专利、商标以及工业品外观设计等方面组成,具体包括专利、商标、服务标志、厂商名称、原产地名称以及植物新品种权和集成电路布图设计专有权等。例如,2017 年 4 月 24 日,最高人民法院首次发布《中国知识产权司法保护纲要》,就采用了这种分类方法。

世界贸易组织(WTO)制定的《与贸易有关的知识产权协议》(TRIPS)签署生效后,将知识产权又分为与贸易有关的知识产权和与贸易无关的知识产权。《建立世界知识产权组织公约》中界定的知识产权中,除科学发现、制止不正当竞争(不包含商业秘密)外,其他知识产权都属于与贸易有关的知识产权,属于与贸易无关的知识产权的只有科学发现权和不包含商业秘密的制止不正当竞争。我国《中华人民共和国民法通则》(已废止;简称《民法通则》)曾将科学发现纳入知识产权范畴之中,但在我国有不少学者认为科学发现不属于知识产权范畴,在修法中我国立法者接受了这一观点,先后在《中华人民共和国民法总则》(已废止;简称《民法总则》)和我国《民法典》中将科学发现排除在了知识产权之外。

此外,国际保护工业产权协会(AIPPI)1992 年东京大会将知识产权分为"创作性成果权利"和"识别性标记权利"两类。其中创作性成果权利包括:发明专利权、集成电路权、植物新品种权、Know-How 权(也称"技术秘密"权)、工业品外观设计权、版权(著作权)、软件权。识别性标记权利包括:商标权、商号权(也称"厂商秘密"权)、其他与制止不正当竞争有关的识别性标记权。

② / 知识产权有哪些主要特征?

作为一切来自知识活动的权利,知识产权有着显著的特征,具体包括以下五个方面。

(1)无形性。知识产权从本质上说是一种无形财产权,知识产权的客体本质上是知识商品,也称为智力成果或知识产品或知识商品,是一种无形财产或一种没有形体的精神财富,是创造性的智力劳动所创造的劳动成果。它与房屋、汽车等有形财产一样,都受到国家法律的保护,都具有价值和使用价值。

（2）专有性。专有性又称独占性或垄断性。专有性是指除权利人同意或法律规定外,权利人以外的任何人不得享有或使用该项权利。这表明权利人独占或垄断的专有权利受严格保护,不受他人侵犯。只有通过"法定许可""强制许可""征用"等法律程序,才能变更权利人的专有使用权。只有在法律有特别规定时,才能对权利人的专有权加以变更。

（3）地域性。地域性是指知识产权只在其产生的特定国家或地区的地域内有效。除签有国际公约或双边互惠协定外,经一国法律所保护的某项权利只在该国范围内发生法律效力,因此知识产权既具有地域性,在一定条件下又具有国际性。

（4）时间性。时间性是指依法获得的知识产权只在规定期限内受到法律保护。法律对各项权利的保护,都规定有一定的有效期,如我国对著作权的保护期,通常是作者有生之年加死亡后 50 年。各国法律对保护期限的长短可能一致,也可能不完全相同,只有参加国际协定或进行国际申请时,才对某项权利有统一的保护期限。

（5）可复制性。可复制性又称工业再现性。知识产权保护的客体可以固定在有形物上,并具有可以重复再现、重复利用的特性。

3 / 狭义、广义的知识产权的范围是什么?

狭义的知识产权范围通常包括著作权、商标权和专利权 3 个部分。

对广义的知识产权的范围,学术界有两种体系或观点。一种是由《建立世界知识产权组织公约》所确定的,这是一个开放性的体系,它有一个总括性的规定。《建立世界知识产权组织公约》指出,知识产权应包括以下权利:①文学、艺术和科学作品;②表演艺术家的表演以及唱片和广播节目;③人类一切活动领域的发明;④科学发现;⑤工业品外观设计;⑥商标、服务标记以及商业名称和标志;⑦制止不正当竞争;⑧在工业、科学、文学艺术领域内由于智力创造活动而产生的一切其他权利。

另一种是《与贸易有关的知识产权协议》所确立的,它是一个封闭式的体系,只列举了 7 类权利。TRIPS 规定知识产权的范围包括:①版权与邻接权;②商标权;③地理标志权;④工业品外观设计权;⑤专利权;⑥集成电路布图设计权;⑦未公开的信息专有权,主要是商业秘密。

经比较,《建立世界知识产权组织公约》和《与贸易有关的知识产权协议》规定的知识产权范围,并不相同。其中,《与贸易有关的知识产权协议》规定的知识产权范围,仅仅是《建立世界知识产权组织公约》规定的知识产权范围的一部分,即与贸易有关的知识产权部分。因此,《与贸易有关的知识产权协议》界定的知识产权范围虽然比狭义知识产权的范围要广,但它仍不能构成广义的知识产权范围,最多是一种中义的知识产权,或者说它就是一类与贸易有关的知识产权。

我国1986年颁布的《民法通则》(已废止)规定的知识产权的范围包括著作权、专利权、商标权、发现权、发明权以及其他科技成果权,其范围大体和《建立世界知识产权组织公约》界定的范围相当。我国《民法总则》(已废止)和《民法典》界定的知识产权范围与《与贸易有关的知识产权协议》相当。

随着科学技术的迅速发展,知识产权保护对象的范围不断扩大,新型的智力成果不断涌现,对知识产权制度提出新的挑战,推动知识产权制度不断发展和进步。

 知识产权制度萌芽于何时?

知识产权制度最早萌芽于文艺复兴时期的意大利,为了保护技术发明人的权利和吸引更多的掌握先进技术的人才,意大利的著名城市威尼斯在1474年颁布了世界上第一部专利法。该法规定:权利人对其发明享有10年的垄断权,任何人未经同意不得仿造与受保护的发明相同的设施,否则将赔偿百枚金币,并销毁全部仿造设施。这部法律确立了专利制度的基本原则,其影响延续至今。如今知识产权制度不断完善,各行业各领域充满了知识产权,知识产权与人类的生活息息相关。

 国内外知识产权制度的发展趋势是什么?

随着经济和社会的发展,知识产权在萌芽期特权制度的内涵逐渐发生变化并最终演变成了近代意义上的知识产权制度。16世纪以后,英国早期资产阶级为了追求财富和保持国家经济的繁荣,鼓励发明创造,1624年颁布了《垄断法案》,这是世界上第一部具有现代意义的专利法。18世纪末至19世纪初,欧洲大陆各国和美国相继实行了专利制度。

在专利制度确立的同时,著作权制度也产生了。随着造纸和印刷技术的发明和传播,书籍成为科技知识和文学艺术的载体。1709年,英国颁布了《安娜女王法》,率先实行对作者权利的保护。《安娜女王法》为现代著作权制度奠定了基石,被誉为著作权法的鼻祖。1790年,依照《安娜女王法》的模式,美国制定了《联邦著作权法》。英美强调版权的普通法系确立后,以法国和德国为代表的强调人格权的大陆法系也诞生了。1793年法国颁布著作权法,不仅规定了著作财产权,而且还特别强调了著作权中的人格权内容。该法成为许多大陆法系国家著作权法的典范。

对商标和商号的保护制度也在19世纪初建立起来。该制度起源于法国。1803年法国在《关于工厂、制造场和作坊的法律》中将假冒商标按私造文书处罚,确立了对商标权的法律保护。1857年法国又颁布了《关于以使用原则和不审查原则为内容的制造标记和商标的法律》。随后欧美等国家相继制定了商标法,商标保护制度逐步发展起来。

全球知识产权体制经历了保护工业产权巴黎公约与伯尔尼公约体制,世界知识产权组织(WIPO)体制,直到今天的"知识产权协定TRIPS"体制。在知识经济和全球经济一体化条件下,知识产权在产业竞争中的地位越来越重要,成为国际竞争的焦点。

我国的知识产权制度筹建工作始于20世纪70年代末。1986年4月12日第六届全国人民代表大会第四次会议通过、颁布的《中华人民共和国民法通则》(已废止)第5章民事权利第3节知识产权第94条规定之"公民、法人享有著作权(版权),依法有署名、发表、出版、获得报酬等权利";第95条规定之"公民、法人依法取得的专利权受法律保护";第96条规定之"法人、个体工商户、个人合伙依法取得的商标专用权受法律保护";第97条规定之"公民对自己的发现享有发现权。发现人有权申请领取发现证书、奖金或者其他奖励。公民对自己的发明或者其他科技成果,有权申请领取荣誉证书、奖金或者其他奖励",建立起了我国保护知识产权的基本法律制度。30余年来,我国的知识产权事业从无到有,在基本知识产权保护制度基础上,以单行法律、法规迅速发展起来,各方面都取得了很大的进展。到目前,比较完备的知识产权法律体系已经建立起来。其中《中华人民共和国商标法》自1982年8月23日第五届全国人民代表大会常务委员会第二十四次会议通过后,已经过1993年、2001年、2013年计三次修改;《中华人民共和国专利法》自1984年3月12日第六届全国人民代表大会常务委员会第四次会议通过后,已经过1992年、2000年、2008年、2020年计四次修改;《中华人民共和国著作权法》1990年9月7日第7届全国人大常委会第15次会议通过后,已经过2001年、2010年、2020年计三次修改;《中华人民共和国反不正当竞争法》1993年9月2日第八届全国人民代表大会常务委员会第三次会议通过后,已经过2017年、2019年计两次修订。《中华人民共和国种子法》(以下简称我国《种子法》)自2000年7月8日第九届全国人民代表大会常务委员会第十六次会议通过,经2004年、2013年、2015年计三次修订后正式确立了我国植物新品种权保护法律制度,使我国植物新品种保护从法规层次上升到法律高度。此外,我国还颁布实施了《计算机软件保护条例》《信息网络传播权保护条例》《植物新品种保护条例》《集成电路布图设计保护条例》等一系列知识产权法规。以专利、商标、版权为三大支柱,我国与国际接轨的知识产权法律体系已经形成并日趋完善。

我国知识产权制度在基本法律制度基础上,主要是以单行法律、法规为主发展的。但我国知识产权基本制度也是不断发展的。2017年3月15日第十二届全国人民代表大会第五次会议通过、颁布的《民法总则》(已废止)第5章民事权利第123条之"民事主体依法享有知识产权。知识产权是权利人依法就下列客体享有的专有的权利:(一)作品;(二)发明、实用新型、外观设计;(三)商标;(四)地理标志;(五)商业秘密;(六)集成电路布图设计;(七)植物新品种;(八)法律规定的其他客体"规定,是在总结国内外知识产权保护经验和理论研究成果的基础上,对我国知识产权基本保护法律制度的新发展。2020年5月28日第十三届全国人民代表大会第三次会议通过、颁布的《民法典》第1编总则第5章民事权利第123条,再次确立了我国知识产权保护的基本法律制度。

6 设立世界知识产权日的目的、作用是什么？

根据中华人民共和国和阿尔及利亚在 1999 年的提案，世界知识产权组织在 2000 年召开的第 35 届成员大会上通过决议，决定从 2001 年起，将每年的 4 月 26 日定为"世界知识产权日"（The World Intellectual Property Day）。世界知识产权日设立的目的是在世界范围内树立尊重知识、崇尚科学和保护知识产权的意识，营造鼓励知识创新的法律环境。

确定"世界知识产权日"和开展有关活动，对于突出知识产权在所有国家的经济、文化和社会发展中的作用和贡献，提高公众对人类在知识产权领域努力的认识和理解起到了重要的推动作用。

7 知识产权制度具有什么作用？

知识产权制度是为了保护知识产权创造者的独占性，同时激励竞争对手的一种制度。知识产权制度的作用主要体现在以下四个方面。

（1）对知识创造的激励作用。知识产权制度依法授予知识产权创造者或拥有者在一定期限内的排他独占权，并保护这种独占权不受侵害，侵权者要受到法律的制裁。有了这种独占性，就使得知识产权创造者或拥有者可以通过实施或许可、转让取得经济利益、收回投资，拥有继续研究开发的积极性和物质条件，从而调动知识创新者的积极性。以研制需要高额的投入且一般需要 10 年左右较长周期的药品为例，据美国某研究机构统计，在美国的制药工业中，如果没有专利制度，至少会有 60% 的药品研制不出来。[①]

（2）知识产权制度具有调节公共利益的作用。知识产权制度虽然保护知识创造者的利益，但并不等于绝对垄断。知识产权制度有两大功能：保护功能和公开功能。保护功能使知识创造者的正当权益能够得到保护，从而调动了人们从事创造活动的积极性；公开功能指知识创造者在申请知识产

---

① 张平，马骁:《技术标准与知识产权的关系》,《科技与法律》2003 年第 2 期,第 123 页。

权保护的同时,要向社会公开自己创造的内容。保护与公开看似矛盾的两个方面,正是通过知识产权制度以公开换取保护的调节,实现了公平、公正与合理。如对于发明创造来说,由于发明创造得到了法律保护,因此将发明创造内容向社会公众公开也就不必担心了。而这些智力成果信息,对知识的再创造具有极为重要的作用。在科技研究或立项之前,如果能充分利用有关信息进行检索,就能准确把握国内外的发展现状,不仅能避免重复研究、节约费用,同时也有利于在研究生产中抢时间、争主动。

(3)知识产权制度具有保护投资的作用。科学技术的发展需要新的投入,才能有新的突破。一项科技成果的取得需要经过基础研究、应用研究、开发研究的复杂过程,需要投入大量的人力、物力并付出艰辛的劳动。因此,这种无形财产的流通需要法制化、规范化,使得知识商品的流通向着健康的方向发展,而知识产权制度的建立正是适应了这个需要。知识产权制度通过确认成果属性,保障作出主要物质技术投入的单位或个人充分享有由此所产生的合法权益,通过保护作品、专利、商标、服务标记、厂商名称、货源名称等专属权利和制止不正当竞争,维护投资企业的竞争优势,维护市场公平和有序的竞争,并用法律正确规范人们的行为,促使人们自觉尊重或被迫尊重他人的知识产权,形成尊重知识、尊重人才、尊重他人智力劳动成果的良好社会环境和公平、公正的市场竞争机制,从而使其有更多的财力、物力和智力资源投向研究开发。

(4)有利于促进国际经济、技术交流与合作。知识经济在本质上是一种全球化的经济。当今世界经济、科技的全球化发展,既为知识经济的发展创造了条件,同时又是知识经济发展的一个突出表现。随着信息网络的发展,知识在世界范围内传播、扩散速度大大加快,这为各国获取知识成果、进行交流与合作提供了一个非常好的机遇。同时,知识成果贸易和知识含量高的产品贸易在世界贸易中所占比例越来越大的情况下,必须有一个各国共同遵守的规则,即知识产权制度、规则。尽管知识产权法是国内法,由各国制定,但是,其中有许多共性的内容,如时间性、地域性、独占性等。为了与国际惯例接轨,许多国家加入了世界性的知识产权组织或条约,遵守共同的原则,如国民待遇原则、优先权等。不仅如此,世界贸易组织还从发展世界贸易的角度制定了《与贸易有关的知识产权协议》,提出了在世界贸易发展中各国在知识产权方面必须遵守的基本规定。这种国际知识产权制度和规则,为知识成果在国家间的引进、合作、交流奠定了基础。我国已于 2001 年 12 月 1 日加入世界贸易组织,履行《与贸易有关的知识产权协议》,保护国内外自然、法人或者非法人组织的知识产权。

8 制定《知识产权强国建设纲要(2021—2035 年)》有什么背景和重要意义?

党的十八大以来,在以习近平同志为核心的党中央坚强领导下,我国知识产权事业发展取得显著成效,知识产权法规制度体系逐步完善,核心专利、知名品牌、精品版权、优良植物新品种、优质地理标志、高水平集成电路布图设计等高价值知识产权拥有量大幅增加,商业秘密保护不断加强,遗传资源、传统知识和民间文艺的利用水平稳步提升,知识产权保护效果、运用效益和国际影响力显著提升,全社会知识产权意识大幅提高,涌现出一批知识产权竞争力较强的市场主体,走出了一条中国特色知识产权发展之路,有力保障创新型国家建设和全面建成小康社会目标的实现。这就是我国在新发展阶段制定《知识产权强国建设纲要(2021—2035 年)》(以下简称《纲要》)的大背景。

进入新发展阶段,推动高质量发展是保持经济持续健康发展的必然要求。创新是引领发展的第一动力,知识产权作为国家发展战略性资源和国际竞争力核心要素的作用更加凸显。实施知识产权强国战略,回应新技术、新经济、新形势对知识产权制度变革提出的挑战,加快推进知识产权改革发展,协调好政府与市场、国内与国际,以及知识产权数量与质量、需求与供给的联动关系,全面提升我国知识产权综合实力,大力激发全社会创新活力,建设中国特色、世界水平的知识产权强国,对于提升国家核心竞争力,扩大高水平对外开放,实现更高质量、更有效率、更加公平、更可持续、更为安全的发展,满足人民日益增长的美好生活需要,具有重要意义。因此,在新发展阶段制定《纲要》具有重大意义。

我国知识产权强国建设的总体要求是什么？

《纲要》对我国知识产权强国战略提出了包括指导思想、工作原则和发展目标三个方面的总体要求。

（1）指导思想。坚持以习近平新时代中国特色社会主义思想为指导，全面贯彻党的十九大和十九届二中、三中、四中、五中全会精神，紧紧围绕统筹推进"五位一体"总体布局，即全面推进经济建设、政治建设、文化建设、社会建设、生态文明建设，实现以人为本、全面协调可持续的科学发展，和协调推进"四个全面"即"全面建设社会主义现代化国家、全面深化改革、全面依法治国、全面从严治党"战略布局，坚持稳中求进工作总基调，以推动高质量发展为主题，以深化供给侧结构性改革为主线，以改革创新为根本动力，以满足人民日益增长的美好生活需要为根本目的，立足新发展阶段，贯彻新发展理念，构建新发展格局，牢牢把握加强知识产权保护是完善产权保护制度最重要的内容和提高国家经济竞争力最大的激励，打通知识产权创造、运用、保护、管理和服务全链条，更大力度加强知识产权保护国际合作，建设制度完善、保护严格、运行高效、服务便捷、文化自觉、开放共赢的知识产权强国，为建设创新型国家和社会主义现代化强国提供坚实保障。

（2）工作原则。《纲要》提出了四项基本工作原则。一是法治保障，严格保护。落实全面依法治国基本方略，严格依法保护知识产权，切实维护社会公平正义和权利人合法权益。二是改革驱动，质量引领。深化知识产权领域改革，构建更加完善的要素市场化配置体制机制，更好发挥知识产权制度激励创新的基本保障作用，为高质量发展提供源源不断的动力。三是聚焦重点，统筹协调。坚持战略引领、统筹规划，突出重点领域和重大需求，推动知识产权与经济、科技、文化、社会等各方面深度融合发展。四是科学治理，合作共赢。坚持人类命运共同体理念，以国际视野谋划和推动知识产权改革发展，推动构建开放包容、平衡普惠的知识产权国际规则，让创新创造更多惠及各国人民。

（3）发展目标。《纲要》既有近期目标，又有远景目标。其近期目标是：到2025年，知识产权强国建设取得明显成效，知识产权保护更加严格，社会满意度达到并保持较高水平,知识产权市场价值进一步凸显,品牌竞争力大幅提升,专利密集型产业增加值占国内生产总值(GDP)比重达到13%,版权产业增加值占GDP比重达到7.5%,知识产权使用费年进出口总额达到3500亿元,每万人口高价值发明专利拥有量达到12件。其远景目标是:到2035年,我国知识产权综合竞争力跻身世界前列,知识产权制度系统完备,知识产权促进创新创业蓬勃发展,全社会知识产权文化自觉基本形成,全方位、多层次参与知识产权全球治理的国际合作格局基本形成,中国特色、世界水平的知识产权强国基本建成。

10 / 如何建设面向社会主义现代化的知识产权制度?

《纲要》对如何建设面向社会主义现代化的知识产权制度,提出了四个方面的战略构想和措施。

(1)构建门类齐全、结构严密、内外协调的法律体系。开展知识产权基础性法律研究,做好专门法律法规之间的衔接,增强法律法规的适用性和统一性。根据实际及时修改专利法、商标法、著作权法和植物新品种保护条例,探索制定地理标志、外观设计等专门法律法规,健全专门保护与商标保护相互协调的统一地理标志保护制度,完善集成电路布图设计法规。制定修改强化商业秘密保护方面的法律法规,完善规制知识产权滥用行为的法律制度以及与知识产权相关的反垄断、反不正当竞争等领域立法。修改科学技术进步法。结合有关诉讼法的修改及贯彻落实,研究建立健全符合知识产权审判规律的特别程序法律制度。加快大数据、人工智能、基因技术等新领域新业态知识产权立法。适应科技进步和经济社会发展形势需要,依法及时推动知识产权法律法规立改废释,适时扩大保护客体范围,提高保护标准,全面建立并实施侵权惩罚性赔偿制度,加大损害赔偿力度。

(2)构建职责统一、科学规范、服务优良的管理体制。持续优化管理体制机制,加强中央在知识产权保护的宏观管理、区域协调和涉外事宜统筹等方面事权,不断加强机构建设,提高管理效能。围绕国家区域协调发展战略,制订实施区域知识产权战略,深化知识产权强省强市建设,促进区域知识产权协调发展。实施一流专利商标审查机构建设工程,建立专利商标审查官制度,优化专利商标审查协作机制,提高审查质量和效率。构建政府监管、社会监督、行业自律、机构自治的知识产权服务业监管体系。

(3)构建公正合理、评估科学的政策体系。坚持严格保护的政策导向,完善知识产权权益分配机制,健全以增加知识价值为导向的分配制度,促进知识产权价值实现。完善以强化保护为导向的专利商标审查政策。健全著作权登记制度、网络保护和交易规则。完善知识产权审查注册登记政策调整机制,建立审查动态管理机制。建立健全知识产权政策合法性和公平竞争审查制度。建立知识产权公共政策评估机制。

(4)构建响应及时、保护合理的新兴领域和特定领域知识产权规则体系。建立健全新技术、新产业、新业态、新模式知识产权保护规则。探索完善互联网领域知识产权保护制度。研究构建数据知识产权保护规则。完善开源知识产权和法律体系。研究完善算法、商业方法、人工智能产出物知识产权保护规则。加强遗传资源、传统知识、民间文艺等获取和惠益分享制度建设,加强非物质文化遗产的搜集整理和转化利用。推动中医药传统知识保护与现代知识产权制度有效衔接,进一步完善中医药知识产权综合保护体系,建立中医药专利特别审查和保护机制,促进中医药传承创新发展。

11 / 如何建设支撑国际一流营商环境的知识产权保护体系?

《纲要》对如何建设支撑国际一流营商环境的知识产权保护体系,提出了三大措施。

(1)健全公正高效、管辖科学、权界清晰、系统完备的司法保护体制。实施高水平知识产权审判机构建设工程,加强审判基础、体制机制和智慧法院建设。健全知识产权审判组织,优化审判机构布局,完善上诉审理机制,深入推进知识产权民事、刑事、行政案件"三合一"审判机制改革,构建案件审理专门化、管辖集中化和程序集约化的审判体系。加强知识产权法官的专业化培养和职业化选拔,加强技术调查官队伍建设,确保案件审判质效。积极推进跨区域知识产权远程诉讼平台建设。统一知识产权司法裁判标准和法律适用,完善裁判规则。加大刑事打击力度,完善知识产权犯罪侦查工作制度。修改完善知识产权相关司法解释,配套制定侵犯知识产权犯罪案件立案追诉标准。加强知识产权案件检察监督机制建设,加强量刑建议指导和抗诉指导。

（2）健全便捷高效、严格公正、公开透明的行政保护体系。依法科学配置和行使有关行政部门的调查权、处罚权和强制权。建立统一协调的执法标准、证据规则和案例指导制度。大力提升行政执法人员专业化、职业化水平,探索建立行政保护技术调查官制度。建设知识产权行政执法监管平台,提升执法监管现代化、智能化水平。建立完善知识产权侵权纠纷检验鉴定工作体系。发挥专利侵权纠纷行政裁决制度作用,加大行政裁决执行力度。探索依当事人申请的知识产权纠纷行政调解协议司法确认制度。完善跨区域、跨部门执法保护协作机制。建立对外贸易知识产权保护调查机制和自由贸易试验区知识产权保护专门机制。强化知识产权海关保护,推进国际知识产权执法合作。

（3）健全统一领导、衔接顺畅、快速高效的协同保护格局。坚持党中央集中统一领导,实现政府履职尽责、执法部门严格监管、司法机关公正司法、市场主体规范管理、行业组织自律自治、社会公众诚信守法的知识产权协同保护。实施知识产权保护体系建设工程。明晰行政机关与司法机关的职责权限和管辖范围,健全知识产权行政保护与司法保护衔接机制,形成保护合力。建立完善知识产权仲裁、调解、公证、鉴定和维权援助体系,加强相关制度建设。健全知识产权信用监管体系,加强知识产权信用监管机制和平台建设,依法依规对知识产权领域严重失信行为实施惩戒。完善著作权集体管理制度,加强对著作权集体管理组织的支持和监管。实施地理标志保护工程。建设知识产权保护中心网络和海外知识产权纠纷应对指导中心网络。建立健全海外知识产权预警和维权援助信息平台。

12　如何建设激励创新发展的知识产权市场运行机制?

《纲要》对如何建设激励创新发展的知识产权市场运行机制,提出了三项基本措施和方略。

（1）完善以企业为主体、市场为导向的高质量创造机制。以质量和价值为标准,改革完善知识产权考核评价机制。引导市场主体发挥专利、商标、版权等多种类型知识产权组合效应,培育一批知识产权竞争力强的世界一流企业。深化实施中小企业知识产权战略推进工程。优化国家科技计划项目的知识产权管理。围绕生物育种前沿技术和重点领域,加快培育一批具有知识产权的优良植物新品种,提高授权品种质量。

(2)健全运行高效顺畅、价值充分实现的运用机制。加强专利密集型产业培育,建立专利密集型产业调查机制。积极发挥专利导航在区域发展、政府投资的重大经济科技项目中的作用,大力推动专利导航在传统优势产业、战略性新兴产业、未来产业发展中的应用。改革国有知识产权归属和权益分配机制,扩大科研机构和高校知识产权处置自主权。建立完善财政资助科研项目,形成知识产权的声明制度。建立知识产权交易价格统计发布机制。推进商标品牌建设,加强驰名商标保护,发展传承好传统品牌和老字号,大力培育具有国际影响力的知名商标品牌。发挥集体商标、证明商标制度作用,打造特色鲜明、竞争力强、市场信誉好的产业集群品牌和区域品牌。推动地理标志与特色产业发展、生态文明建设、历史文化传承以及乡村振兴有机融合,提升地理标志品牌影响力和产品附加值。实施地理标志农产品保护工程。深入开展知识产权试点示范工作,推动企业、高校、科研机构健全知识产权管理体系,鼓励高校、科研机构建立专业化知识产权转移转化机构。

(3)建立规范有序、充满活力的市场化运营机制。提高知识产权代理、法律、信息、咨询等服务水平,支持开展知识产权资产评估、交易、转化、托管、投融资等增值服务。实施知识产权运营体系建设工程,打造综合性知识产权运营服务枢纽平台,建设若干聚焦产业、带动区域的运营平台,培育国际化、市场化、专业化知识产权服务机构,开展知识产权服务业分级分类评价。完善无形资产评估制度,形成激励与监管相协调的管理机制。积极稳妥发展知识产权金融,健全知识产权质押信息平台,鼓励开展各类知识产权混合质押和保险,规范探索知识产权融资模式创新。健全版权交易和服务平台,加强作品资产评估、登记认证、质押融资等服务。开展国家版权创新发展建设试点工作。打造全国版权展会授权交易体系。

13 / 如何建设便民利民的知识产权公共服务体系？

《纲要》就如何建设便民利民的知识产权公共服务体系，提出了三大措施。

（1）加强覆盖全面、服务规范、智能高效的公共服务供给。实施知识产权公共服务智能化建设工程，完善国家知识产权大数据中心和公共服务平台，拓展各类知识产权基础信息开放深度、广度，实现与经济、科技、金融、法律等信息的共享融合。深入推进"互联网+"政务服务，充分利用新技术建设智能化专利商标审查和管理系统，优化审查流程，实现知识产权政务服务"一网通办"和"一站式"服务。完善主干服务网络，扩大技术与创新支持中心等服务网点，构建政府引导、多元参与、互联共享的知识产权公共服务体系。加强专业便捷的知识产权公共咨询服务，健全中小企业和初创企业知识产权公共服务机制。完善国际展会知识产权服务机制。

（2）加强公共服务标准化、规范化、网络化建设。明晰知识产权公共服务事项和范围，制定公共服务事项清单和服务标准。统筹推进分级分类的知识产权公共服务机构建设，大力发展高水平的专门化服务机构。有效利用信息技术、综合运用线上线下手段，提高知识产权公共服务效率。畅通沟通渠道，提高知识产权公共服务社会满意度。

（3）建立数据标准、资源整合、利用高效的信息服务模式。加强知识产权数据标准制定和数据资源供给，建立市场化、社会化的信息加工和服务机制。规范知识产权数据交易市场，推动知识产权信息开放共享，处理好数据开放与数据隐私保护的关系，提高传播利用效率，充分实现知识产权数据资源的市场价值。推动知识产权信息公共服务和市场化服务协调发展。加强国际知识产权数据交换，提升运用全球知识产权信息的能力和水平。

14 / 如何建设促进知识产权高质量发展的人文社会环境？

《纲要》对如何建设促进知识产权高质量发展的人文社会环境，提出了三大举措。

（1）塑造尊重知识、崇尚创新、诚信守法、公平竞争的知识产权文化理念。加强教育引导、实践养成和制度保障，培养公民自觉尊重和保护知识产权的行为习惯，自觉抵制侵权假冒行为。倡导创新文化，弘扬诚信理念和契约精神，大力宣传锐意创新和诚信经营的典型企业，引导企业自觉履行尊重和保护知识产权的社会责任。厚植公平竞争的文化氛围，培养新时代知识产权文化自觉和文化自信，推动知识产权文化与法治文化、创新文化和公民道德修养融合共生、相互促进。

（2）构建内容新颖、形式多样、融合发展的知识产权文化传播矩阵。打造传统媒体和新兴媒体融合发展的知识产权文化传播平台，拓展社交媒体、短视频、客户端等新媒体渠道。创新内容、形式和手段，加强涉外知识产权宣传，形成覆盖国内外的全媒体传播格局，打造知识产权宣传品牌。大力发展国家知识产权高端智库和特色智库，深化理论和政策研究，加强国际学术交流。

（3）营造更加开放、更加积极、更有活力的知识产权人才发展环境。完善知识产权人才培养、评价激励、流动配置机制。支持学位授权自主审核高校自主设立知识产权一级学科。推进论证设置知识产权专业学位。实施知识产权专项人才培养计划。依托相关高校布局一批国家知识产权人才培养基地，加强相关高校二级知识产权学院建设。加强知识产权管理部门公职律师队伍建设，做好涉外知识产权律师培养和培训工作，加强知识产权国际化人才培养。开发一批知识产权精品课程。开展干部知识产权学习教育。进一步推进中小学知识产权教育，持续提升青少年的知识产权意识。

⑮ 我国如何深度参与全球知识产权治理？

关于我国深度参与全球知识产权治理，《纲要》提出：一是积极参与知识产权全球治理体系改革和建设。扩大知识产权领域对外开放，完善国际对话交流机制，推动完善知识产权及相关国际贸易、国际投资等国际规则和标准。积极推进与经贸相关的多双边知识产权对外谈判。建设知识产权涉外风险防控体系。加强与各国知识产权审查机构合作，推动审查信息共享。打造国际知识产权诉讼优选地。提升知识产权仲裁国际化水平。鼓励高水平外国机构来华开展知识产权服务。二是构建多边和双边协调联动的国际合作网络。积极维护和发展知识产权多边合作体系,加强在联合国、世界贸易组织等国际框架和多边机制中的合作。深化与共建"一带一路"国家和地区知识产权务实合作,打造高层次合作平台,推进信息、数据资源项目合作,向共建"一带一路"国家和地区提供专利检索、审查、培训等多样化服务。加强知识产权对外工作力量。积极发挥非政府组织在知识产权国际交流合作中的作用。拓展海外专利布局渠道。推动专利与国际标准制定有效结合。塑造中国商标品牌良好形象,推动地理标志互认互保,加强中国商标品牌和地理标志产品全球推介。

我们相信,经过 15 年的积极参与知识产权全球治理体系改革和建设、构建多边和双边协调联动的国际合作网络工作,我国知识产权保护在全球知识产权治理中地位将得到大大提升。

16 / 如何通过组织保障实现我国知识产权强国战略目标?

《纲要》提出的组织保障是一个以加强组织领导为龙头的包括条件保障、考核评估在内的全面保障体系。

(1)加强组织领导。全面加强党对知识产权强国建设工作的领导,充分发挥国务院知识产权战略实施工作部际联席会议作用,建立统一领导、部门协同、上下联动的工作体系,制定实施落实《纲要》的年度推进计划。各地区各部门要高度重视,加强组织领导,明确任务分工,建立健全纲要实施与国民经济和社会发展规划、重点专项规划及相关政策相协调的工作机制,结合实际统筹部署相关任务措施,逐项抓好落实。

(2)加强条件保障。完善中央和地方财政投入保障制度,加大对《纲要》实施工作的支持。综合运用财税、投融资等相关政策,形成多元化、多渠道的资金投入体系,突出重点,优化结构,保障任务落实。按照国家有关规定,对在知识产权强国建设工作中作出突出贡献的集体和个人给予表彰。

(3)加强考核评估。国家知识产权局会同有关部门建立《纲要》实施动态调整机制,开展年度监测和定期评估总结,对工作任务落实情况开展督促检查,纳入相关工作评价,重要情况及时按程序向党中央、国务院请示报告。

在对党政领导干部和国有企业领导班子考核中,注重考核知识产权相关工作成效。地方各级政府要加大督查考核工作力度,将知识产权强国建设工作纳入督查考核范围。

第二章　专利权

一、概述

1 / 什么是专利?

我国自引进专利制度就采用专利一词,英文 patent,最早的译义是"公开",后演变为发明人专利。专利就是发明创造。分析各国专利法中所称"发明创造",可认为发明是指人类在利用自然(根据自然规律)、改造自然(解决技术问题)的过程中,所创造(创造性)的、具有积极意义(实用性)并表现为技术形式(形成技术方案)的、新的(新颖性)智力成果。在我国专利法学理论中,专利一词有两种含义:一是专利权;二是专利,即授予专利权的技术方案。

专利有两个基本特征:一是垄断,是指专利权人享有的权利具有垄断性,即法律授予发明人享有独占使用的权利;二是公开,是指发明的内容必须公开,此为发明人取得独占权的前提,即将自己申请专利的技术公之于世。

2 / 什么是专利权?

专利权是专利法的核心内容,它是依照专利法的规定,专利权人对其获得专利的发明创造(发明、实用新型或外观设计),在法定期限内所享有的一种独占权或专有权。①

专利权有 4 个法律特征：

（1）专有性。专有性也称垄断性。专有性是指同一内容的发明创造，国家只授予一项专利权。专利权人取得了对专利技术的专有权。未经专利权人许可，任何人不得侵犯。

（2）地域性。一项发明获得了专利权并不意味着其在世界各国都受到法律保护。地域性是由专利法的国内法性质决定的。发明若在他国得到保护，须依该国专利法办理有关专利申请，获得授权后在该国范围内才获得保护。

（3）时间性。一项发明获得了专利权并非一劳永逸。专利权在法定的期限内有效，一旦期限届满或因故提前中止，任何人都可无偿利用。规定保护时间理由有：①促进有效期内尽快应用；②技术进步快，发明创造经过一段时间会老化。

（4）合法性。根据我国《民法典》规定，民事主体依法享有知识产权。知识产权是权利人依法就发明创造包括发明、实用新型、外观设计享有的专有的权利。发明创造必须符合法律规定的实质条件即具有新颖性、创造性和实用性条件。专利权是经过国家专利主管机关依法授权而产生的。

3 / 如何认识专利法？

专利法是用以调整由发明创造活动产生的智力劳动成果所引起的各种社会关系的法律规范的总称。与其他法律制度相比，专利法具有 3 个特征：①以国家授权为基础；②以发明创造的独占性实施为保护内容，法律主要通过授权和保护权利对利益进行调整；③以发明创造的公开为保护条件，促进科技进步。

为了保护发明创造，我国在 1984 年颁布了《中华人民共和国专利法》。1992 年第一次修正，内容方面：增加了进口权规定；对方法专利的保护延伸到依该方法直接获得的产品；对药品、农药、食品、饮料、调味品等化学物质

---

① 王贺瑞：《中华人民共和国专利法释义》，法律出版社 2021 年版，第 1 页。

领域的技术发明,无论是品种还是方法都授予专利权;增设本国优先权等(乌拉圭回合关于与贸易有关的知识产权谈判,我国尚未加入 WTO,以观察员身份参加)。第二次修正(2000 年 8 月 25 日)取消了不同经济性质主体对专利权"持有"和"所有"的区分,改为同等国民待遇;引进了对职务发明创造专利权归属的契约化原则;明确了对职务发明人奖励和报酬;增加了即发侵权的救济措施;明确专利纠纷司法最终裁决权。2008 年第三次修正(2009 年 10 月 1 日施行),内容涉及 7 个方面。根据 2020 年 10 月 17 日第十三届全国人大常委会第二十二次会议《关于修改〈中华人民共和国专利法〉的决定》(第四次修正),对该法进行了 29 项修订。现行的《中华人民共和国专利法》(以下简称我国《专利法》)共 8 章 82 条。

4 / 专利制度的基本功能和作用有哪些?

专利制度的基本功能包括两大项:①保护专利权人的合法权益,鼓励发明创造;②推动发明创造的应用,促进科技及经济发展。前者是针对专利权人而言的,后者是针对整个社会而言的。

专利制度的作用包括四个方面:①有效地保护发明创造。发明人把其发明申请专利,专利行政部门依法将发明创造向社会公开,授予专利权,给予发明人在一定期限内对其发明创造享有独占权或专有权,把发明创造作为一种财产权予以法律保护。②可以鼓励公民、法人搞发明创造的积极性,充分发挥全民族的聪明才智,促进国家科学技术的迅速发展。③有利于发明创造的推广应用,促进先进的科学技术尽快地转化为生产力,促进国民经济的发展。④促进发明技术向全社会的公开与传播,避免对相同技术的重复研究开发,有利于促进科学技术的不断发展。

5 / 专利标识标注的内容有哪些?

根据《专利标识标注办法》第 5 条的规定,标注专利标识的,应当标明下述内容:①采用中文标明专利权的类别,例如中国发明专利、中国实用新型专利、中国外观设计专利;②国家知识产权局授予专利权的专利号。除上述内容之外,可以附加其他文字、图形标记,但附加的文字、图形标记及其标注方式不得误导公众。

同时,根据《专利标识标注办法》第 6 条的规定,在依照专利方法直接获得的产品、该产品的包装或者该产品的说明书等材料上标注专利标识的,应当采用中文标明该产品系依照专利方法所获得的产品。

6 / 专利标识标注不规范情形有哪些?

(1)专利权类别标注不规范。包括未标注或错误标注专利权类别、产品外包装专利或专利申请的标注不规范、多国专利或专利申请的标注不规范、同时存在标注不规范和假专利行为。

(2)专利号标注不规范。附加文字、图形标记、方法类专利权标注不规范。

(3)专利申请标志标注不规范。

7 / 对不符合规定的专利标识的标注的行为如何进行治理?

根据《专利标识标注办法》第 8 条的规定,专利标识的标注不符合《专利标识标注办法》第 5 条、第 6 条或者第 7 条(专利权被授予前在产品、该产品的包装或者该产品的说明书等材料上进行标注的,应当采用中文标明中国专利申请的类别、专利申请号,并标明"专利申请,尚未授权"字样)规定的,由管理专利工作的部门责令改正。专利标识标注不当,构成假冒专利行为的,由管理专利工作的部门依照我国《专利法》第 68 条的规定进行处罚。

二、专利权的取得和归属

 / 我国《专利法》保护的专利有哪些形式?

根据我国《专利法》的规定,发明创造是指发明、实用新型和外观设计。据此,我国《专利法》保护的专利有发明专利、实用新型专利和外观设计专利三种形式。

需要说明的是,世界各国对专利权客体规定不同。如美国是发明、外观设计和植物新品种;日本和我国规定相同,但是单行法保护,如专利法只保护发明;保护工业产权巴黎公约将发明、实用新型和外观设计列为工业产权,专利权的客体仅指发明。

 / 如何理解发明及主要分类?

联合国世界知识产权组织的定义是:就专利法来说,发明是"发明人的一项构思,能在实践中解决技术领域的某个具体问题"。

而我国《专利法》第2条第2款则规定:"发明,是指对产品、方法或者其改进所提出的新的技术方案。"据此,我国发明分为产品发明、方法发明和改进发明。

产品发明指以有形形式出现的一切发明,如机器、仪器、设备、装置、器具和各种物质等。发明可是一种独立、完整产品,也可是一种产品的零部件、附件。它可分为三类:一是物品发明,包括各种制成器和用品;二是物质发明,包括化学物质、药品、食品等;三是材料发明,包括合金、玻璃、陶瓷、水泥等。

方法发明是指把一种物品或物质改变成另一种状态或另一种物质所利用的手段和步骤的发明。一是制造加工方法,即作用在一定物品上,使之在结构、形状或物理化学特性上产生变化;二是作业方法,即不改变物品结构、特性或功能,寻求某技术效果的方法,如能量转换或达到非物质性技术效果方法;三是使用方法,即用途发明,对已知物质的新应用,产生某种技术效果或社会效果,而不改变产品本身。

改进发明指与现有产品、方法的技术改进相关的技术方案。如果通过改进,产品的性能、功效能够得到很大的改善或在原有方法上取得更好的效果,那么改进方案就属于改进发明。

③ / 如何理解实用新型及特征?

实用新型,指对产品的形状、构造或其结合所提出的适于实用的新的技术方案。其特征是:

(1)实用新型是一种技术方案,是申请人利用自然规律,解决技术问题。如果仅是产品的形状以及表面的图案、色彩、文字、符号、图表或者其结合的新设计,没有能够解决技术问题的,不属于实用新型。如建筑平面设计图;棋类、牌类;等等。

(2)实用新型是仅限于产品的技术方案。发明既可以是产品,又可以是方法。实用新型专利只保护产品。以方法为内容的技术方案不属于实用新型。该产品应是经过工业方法制造的、占据一定空间的实体。一切有关方法及未经人工制造的自然存在的物品不属于实用新型专利保护对象。

(3)实用新型是有关产品的形状、构造或其结合的技术方案。并非所有的产品都属于实用新型专利保护的范围。由于实用新型是对产品的形状、构造或者其结合所提出的适于实用的新的技术方案,因此申请实用新型专利的产品必须具有确定的形状,固定的构造。如果仅具有形状构造,未采用技术手段解决技术问题,该技术方案也不属于实用新型。

(4)实用新型必须是具有应用性的技术方案。其产品必须可以反复地再现。再现才能产业规模化、产品批量化。

④ / 如何理解实用新型专利关于"产品形状"和"产品构造"的要求?

(1)理解产品形状。产品形状,是指产品所具有的、可以从外部观察到的确定的空间形状,包括三维形态、二维形态。不能作为产品形状的特征包括：①无确定形状的产品，如气态、液态、粉末状、颗粒状等；②以生物的或自然形成的形状如盆景假山；③以摆放、堆积等方法获得的形状；④形状变化未导致产品技术性能发生变更的产品，如板材、棒材等形状未对现有技术作出贡献。

（2）理解产品构造。产品构造指产品的各个组成部分的安排、组织和相互关系。它可以是机械构造、线路构造和产品的复合层结构，与这些结构相关的、能产生技术效果的技术方案可以获得实用新型保护。机械构造是指构成产品零部件的相对位置关系、连接关系和必要机械配合关系。线路构造是指构成产品元器件之间的连接关系。复合层可认为是产品的构造，产品的渗碳层、氧化层等属于复合层结构。微观的物质分子结构、组分不属于实用新型专利给予保护的产品的构造。

5 / 外观设计及其特征有哪些？

我国《专利法》第 2 条第 4 款规定，外观设计，是指对产品的整体或者局部的形状、图案或者其结合以及色彩与形状、图案的结合所作出的富有美感并适于工业应用的新设计。其特征是：

（1）具有实际用途的产品的外观设计。①专利法保护的设计不是美术作品——美术作品不是外观设计，与产品相结合才是外观设计。②以产品为载体，不能脱离产品存在。③对产品常规状态下的设计。手帕折成动物形状的设计不是外观设计。④体现在产品外形上，产生视觉美感。

（2）外观设计以产品形状、图案、色彩为保护对象。外观设计以产品为载体，但法律保护的对象是该外观设计本身，而不是负载该设计的产品。外观设计以产品的形状、图案和色彩等为构成要素。包括产品的形状；产品的图案；产品的形状和图案相结合；产品的色彩与形状相结合；产品的色彩和图案相结合；产品的形状、图案、色彩相结合。色彩不能单独构成外观设计。

（3）外观设计必须富有美感。外观设计利用人们审美心理来达到美感效果；与发明、实用新型不同，外观设计不保护与产品内在性能相关的技术思想。但外观设计有时与实用新型发生交叉，如流线型汽车外形美观大方，可申请外观设计专利；流线型可减少空气阻力，具有技术效果，又可申请实用新型专利。美感是客观事物在主观上的一种反映,对美的评价常以一般消费者作为判断基准。

(4)外观设计必须适于工业应用,即可以通过工业手段大量复制。而对于固定建筑物、桥梁、手工艺品、农产品、畜产品和自然物等,产品本身具有特殊性,不具有产业上可重复再现的特点,不能受外观设计保护。

⑥ / 授予发明专利和实用新型专利的条件是什么?

授予专利权的发明和实用新型,应当具备新颖性、创造性和实用性。

(1)新颖性。新颖性是指该发明或者实用新型不属于现有技术;也没有任何单位或者个人就同样的发明或者实用新型在申请日以前向国务院专利行政部门提出过申请,并记载在申请日以后公布的专利申请文件或者公告的专利文件中。

(2)创造性。创造性是指与现有技术相比,该发明具有突出的实质性特点和显著的进步,该实用新型具有实质性特点和进步。

其中,前两个条件即新颖性和创造性中的现有技术,是指申请日以前在国内外为公众所知的技术。

(3)实用性。实用性是指该发明或者实用新型能够制造或者使用,并且能够产生积极效果。

⑦ / 如何理解发明和实用新型专利的新颖性条件?

根据我国《专利法》第22条第2款对发明和实用新型之"新颖性"规定,新颖性构成要件:一是申请专利的技术方案(发明或实用新型)不能是现有技术;二是不是抵触申请。

第一个构成要件,申请专利的发明或实用新型不属于现有技术。我国《专利法》第22条规定:"本法所称现有技术,是指申请日以前在国内外为公众所知的技术。"一是公开方式。法律未规定现有技术公开的法定方式,如出版物、使用和其他方式公开。不论何种方式公开,只要为公众所知即可。二是公开时间界限。现有技术公开的时间界限是申请日(有优先权的指优先权日）。三是公开地域。现有技术公开的地域界限采用绝对新颖性标准，提高了专利授权标准。

新颖性构成的第二要件，不是抵触申请，即申请日之前没有人以同样的发明创造申请过，并记载在专利文件中。抵触申请指任何单位或个人在申请日以前已经以相同内容提出过申请，并记载在申请日以后公布的专利文件中，那么在先申请案就是在后申请案的抵触申请。出现抵触申请时，视先申请案为后申请案的现有技术，故后一申请不具备新颖性。鉴于我国坚持"禁止重复授权原则"，如果前一申请没有公开而中止申请，则不属抵触申请。抵触仅指他人在申请日以前提出的。

 专利新颖性条件中不丧失新颖性的例外情形有哪些？

申请专利的发明创造在申请日以前 6 个月内，有下列情形之一的，不丧失新颖性：

（1）在国家出现紧急状态或者非常情况时，为公共利益目的首次公开的；

（2）在中国政府主办或者承认的国际展览会上首次展出的；

（3）在规定的学术会议或者技术会议上首次发表的；

（4）他人未经申请人同意而泄露其内容的。

 如何理解发明和实用新型专利的创造性条件？

创造性是指与现有技术相比，该发明具有突出的实质性特点和显著的进步，该实用新型具有实质性特点和进步。对发明和实用新型的创造性做了分别规定。

（1）发明的创造性。一是"突出的实质性特点"，是指发明与现有技术相比具有明显的本质区别；突出的实质性特点的含义是申请专利的技术方案对所属技术领域的普通技术人员来说是非显而易见的。非显而易见性，是与现有技术有差异，比现有技术有实质性的进步的技术。表现在：①该技术所属技术领域的技术人员通过逻辑分析、推理和试验不能得出结论；②技术人员不能直接从现有技术中得出构成该发明全部必要的技术特征。二是"显著的进步",是指从发明的技术效果上看,与现有技术相比具有长足的进步。显著的进步的含义:①与现有技术相比有更好的技术效果,如提质、高节能等;②提出了相同技术效果下的不同技术构思,如该发明克服了技术偏见,提出了一种新的研究路线;③该发明代表某种新技术趋势。

(2)实用新型的创造性要求是具有"实质性特点和进步"。只要与现有技术相比有所区别并具有进步即认为具备创造性。

10 / 如何理解发明和实用新型专利的实用性条件?

(1)概念。我国《专利法》第 22 条第 4 款规定:"实用性,是指该发明或者实用新型能够制造或者使用,并且能够产生积极效果。"

(2)内容。主要有两层含义:①工业实用性,申请专利的技术方案可以以产业的方式实施,即可用;②该技术方案能够产生积极效果,即有益。

11 / 外观设计专利的实质条件有哪些?

(1)新颖性。授予专利权的外观设计,应当不属于现有设计;也没有任何单位或个人就同样的外观设计在申请日以前向国务院专利行政部门提出过申请,并记载在申请日以后公告的专利文件中。

(2)美观性。外观设计是一种对产品外表的设计,应符合一定美学标准。我国《专利法》第 2 条第 4 款在给外观设计下定义时,明确规定了外观设计应当富有美感。

(3)创造性。授予专利权的外观设计与现有设计或者与现有设计特征的组合相比,应当有明显差别。

(4)不得与在先权利相冲突。我国《专利法》第 23 条第 3 款"授予专利权的外观设计不得与他人在申请日以前已经取得的合法权利相冲突"之规定,即要求不能侵犯他人的在先权利。《最高人民法院关于审理专利纠纷案件适用法律问题的若干规定》(2020 年修正)第 12 条规定,我国《专利法》第 23 条第 3 款所称的合法权利,包括就作品、商标、地理标志、姓名、企业名称、肖像,以及有一定影响的商品名称、包装、装潢等享有的合法权利或者权益。因此,在先权利通常包括著作权、商标权、地理标志权、姓名权、企业名称权、肖像权及有一定影响的商标包装或装潢使用权等。

12 / 不授予专利权的情形有哪些?

（1）根据我国《专利法》第 5 条的规定,对违反法律、社会公德或者妨害公共利益的发明创造,不授予专利权。对违反法律、行政法规的规定获取或者利用遗传资源,并依赖该遗传资源完成的发明创造,不授予专利权。

（2）根据我国《专利法》第 25 条规定,对下列各项,不授予专利权:①科学发现;②智力活动的规则和方法;③疾病的诊断和治疗方法;④动物和植物品种;⑤原子核变换方法以及用原子核变换方法获得的物质;⑥对平面印刷品的图案、色彩或者二者的结合作出的主要起标识作用的设计。对前述第④项所列产品的生产方法,可以依照我国《专利法》规定授予专利权。

13 / 专利权包括哪些内容?

我国专利法没有从正面明确规定专利权的内容。从法律规定解读,应当包括:实施其专利的权利（销售、使用、制造、许诺销售、进口）;有偿许可他人实施其专利的权利;转让其专利的权利;投资的权利,将其专利作价投资;标明专利标记的权利;署名权;请求保护权;放弃专利的权利;等等。

在这里,我们根据禁止条款归纳几种主要实施性的权利:

（1）产品发明专利和实用新型专利权的内容。我国《专利法》第 11 条第 1 款规定,发明和实用新型专利权被授予后,除专利法另有规定的以外,任何单位或者个人未经专利权人许可,都不得实施其专利,即不得为生产经营目的制造、使用、许诺销售、销售、进口其专利产品。据此规定,专利权包括:制造权、使用权、许诺销售权、销售权和进口权。

第一,制造权。专利权人依法享有的对专利产品进行生产、加工的专有权利。包括许可他人进行生产、加工的权利;禁止他人进行生产、加工的权利。除法律另有规定外,未经专利权人许可,任何以经营为目的擅自制造其专利产品的,都可能构成侵权。

第二,使用权。指专利权人依法享有的对专利产品在产业上应用的专有权利。除法律另有规定外,未经专利权人许可,任何自然人、法人或非法人组织不得以经营为目的擅自使用其专利产品。非经营目的的使用不视为侵权。

第三,许诺销售权。专利法上的许诺销售是指明确表示愿意出售一种专利产品的行为。许诺销售权是指专利权人依法享有的以做广告、商店橱窗中陈列或在展销会上展出等方式作出销售专利产品的意思表示的权利。除法律另有规定外,未经专利权人许可,任何自然人、法人或非法人组织不得以经营为目的许诺销售其专利产品。

第四,销售权。销售权是指专利权人依法享有的以经营为目的转让专利产品的专有权利。除法律另有规定外,未经专利权人许可不得以经营为目的销售。销售指专利产品的销售行为。不管是专利权人自己销售,还是许可他人销售,其第一次销售行为受法律保护,对于第一次售出的产品,则销售权用尽。

第五,进口权。进口权是指专利权人享有的自己进口或者禁止他人未经允许,为生产经营目的进口由该专利技术构成的产品或进口包含该专利技术产品或进口由专利方法直接生产的产品的权利。

(2)方法发明专利权的内容。对于方法发明专利权的范围,我国《专利法》第11条第1款规定,发明和实用新型专利权被授予后,除专利法另有规定的以外,任何单位或者个人未经专利权人许可,都不得实施其专利,即不得为生产经营目的使用其专利方法以及使用、许诺销售、销售、进口依照该专利方法直接获得的产品。据此规定,方法专利权包括专利方法使用权和依照该专利方法直接获得的产品使用权、许诺销售权、销售权和进口权。该规定体现了方法专利保护包含方法本身并延及产品的保护原则。

(3)外观设计专利权内容。根据我国《专利法》第11条第2款规定,外观设计专利权被授予后,任何单位或个人未经专利权人,都不得实施其专利,即不得为生产经营目的制造、许诺销售、销售、进口其外观设计专利产品。据此,外观设计专利权包括外观设计专利产品制造权、许诺销售权、销售权、进口权。

14 / **享有专利权的相关主体如何确定？**

专利权的主体即享有专利权的人。从完整意义考察,应该是涉及专利权产生前后的法律主体,即包括产生前的发明人、申请人和产生后的专利权人。其实,专利权主体除了发明人、申请人和专利权人,还可以包括合法使用人、质权人等。

(1)发明人。专利法所称的"发明人或者设计人",是指对发明创造的完成作出实质性贡献的自然人,不能是法人或者非法人组织。发明人是指对发明的完成作出实质贡献的自然人;设计人是指完成外观设计的自然人。

(2)申请人。申请人,是指对某项具体的发明创造享有专利申请权的自然人、法人或者非法人组织。由此可见,专利申请人可以是自然人,也可以是法人或非法人组织。包括单一自然人申请人;共同专利申请人;职务申请人;外国申请人。

(3)专利权人。专利权人是依据我国专利法对某项发明创造享有专利权的自然人、法人或者非法人组织。

15 / **如何判断职务发明的专利权归属？**

执行本单位的任务或者主要是利用本单位的物质技术条件所完成的发明创造为职务发明创造。"本单位"即指完成发明创造的发明人的工作单位。也包括临时工作人员所在的临时工作单位。专利法中的"单位"相当于法人或非法人组织。构成职务发明的情形有两种:

第一种,执行本单位任务所完成的发明创造:①在本职工作中作出的;②履行本单位交付的本职工作之外的任务所作出的;③工作人员退职、退休或者调动工作后1年内作出的,与其在原单位承担的本职工作或者原单位分配的任务有关。

第二种,主要是利用本单位的物质技术条件所完成的发明创造:①"主要",即如果没有这一物质技术条件,该发明创造就无法产生。②"物质技术条件",即本单位的资金、设备、零部件、原材料和不对外公开的技术资料。

不包括房屋、水电等。

确定职务发明专利权归属需要把握两个要点：①以职务发明创造的专利申请权、专利权归单位为原则；②利用本单位物质技术条件，单位与发明人或设计人签订有合同，对申请专利的权利和专利权的归属做出约定的，从其约定。

 如何判断合作发明专利权归属？

（1）根据我国《专利法》第 8 条的规定，两个以上单位或个人合作完成的发明创造，除另有协议外，申请专利的权利属于完成或共同完成的单位或个人，申请被批准后，申请的单位或个人为专利权人。

（2）共有专利申请权的规定。我国《专利法》第 8 条规定，对合作完成的发明创造，申请专利的权利属于共同完成的单位或者个人；第 14 条又规定，如无约定，行使共有专利申请权需经过其他共有人的同意。

我国《民法典》规定，对合作开发完成的发明创造，其专利申请权的归属应遵照约定优先原则，如无约定，该申请权归共有人行使；专利申请权可以转让，其他共有人有优先购买权。

（3）共有专利的实施权包括共有人自行实施和许可他人实施。

第一，我国对共有人自行实施共有专利的规定体现了"谁实施、谁受益"的原则，根据我国《专利法》第 14 条的规定，如果共有人之间对自行实施有约定的，遵从约定；如果没有事先约定的，不仅任何共有人都可以单独实施，而且实施收益归实施人所有，不需要在所有共有人之间分配。

第二，共有专利的许可实施权。共有任何一方都可以独立实施普通许可权，但所获收益应该归所有共有人，即许可他人实施该专利的，收取的使用费应当在共有人之间分配。

17 **如何判断委托发明的专利权归属？**

委托发明是一个单位或个人接受其他单位或个人委托所完成的发明创造。委托发明除另有协议外，申请专利的权利属于完成或共同完成的单位或个人,申请批准后,申请的单位或个人为专利权人。据此规定,委托完成的发明创造的专利申请权和专利权的归属适用合同优先的原则。在没有合同或有合同没有约定权属的情况下,申请权和专利权属于完成或共同完成的单位或个人,即在委托关系中的受托方。

三、专利申请和审查

 申请专利有哪些基本方式?

就一项发明创造要求获得专利权的单位或个人,根据专利法及其实施细则的规定向国家知识产权局专利局提出专利申请,提交申请文件,缴纳申请费用。

纸件文件接收方式:申请人可以当面提交申请文件至国家知识产权局专利局业务受理大厅、各代办处受理窗口,或将申请文件邮寄到国家知识产权局专利局受理处、各代办处。

电子文件接收方式,即通过国家知识产权局专利业务办理系统进行申请,网址是 http://cponline.cnipa.gov.cn。

② **申请专利应当提交哪些材料?**

(1)以书面形式申请专利。应当向国家知识产权局专利局提交申请文件一式一份。申请发明专利的,应当提交我国《专利法》第 26 条规定的请求书、权利要求书、说明书及其摘要、说明书附图(必要时)。申请实用新型专利的,应当提交我国《专利法》第 26 条规定的请求书、权利要求书、说明书及其摘要、说明书附图。申请外观设计专利的,应当提交我国《专利法》第 27 条规定的请求书、该外观设计的图片或者照片以及对该外观设计的简要说明。

(2)以电子形式申请专利。应当通过专利电子申请系统(电子申请客户端或在线业务办理平台)以电子文件形式提交相关专利申请文件及手续,提交文件的格式应符合《电子申请文件格式要求说明》《关于外观设计专利电子申请提交规范注意事项》的相关要求。

 在我国申请专利主要有哪些途径?

根据我国《专利法》第 6 条、第 7 条、第 8 条和第 18 条的规定,在我国的单位和个人申请专利权,主要有两大途径:①发明、实用新型和外观设计的完成者即发明人和外观设计可以直接到国家知识产权局申请专利;②委托依法成立的专利代理机构办理。

但在中国没有经常居所或者营业所的外国人、外国企业或者外国其他组织在中国申请专利和办理其他专利事务的,只能委托依法设立的专利代理机构办理。

 申请专利必须到住所地在北京的国家知识产权局吗?

我国单位和个人申请专利可以到国家知识产权局(地址:北京市海淀区蓟门桥西土城路 6 号;邮政编码:100088;总机:010−62083114)直接递交申请书和相关文件。但申请专利并非必须到北京去,国家知识产权局专利局在全国各省(自治区、直辖市)知识产权局设立的专利业务派出机构即代办处,另有深圳代办处和苏州、青岛两个分理处,主要承担国家知识产权局专利局授权或委托的专利业务及相关服务性工作,工作职能属于执行专利法的公务行为,其主要业务包括:专利申请文件的受理、费减备案的审核、专利费用的收缴、办理专利登记簿副本、专利权质押登记、专利实施许可合同备案及相关业务咨询服务及相关咨询服务。因此,全国各地相关单位和个人可以就近到代办处、分理处提交申请文件。

全国各地方代办处的联系地址、电话等基本信息据国家知识产权局官方网站公布内容整理(截至 2023 年 4 月),见表 2−1:

表2-1 国家知识产权局专利局各地方代办处信息一览表

序号	名称	地址/邮编
1	长沙代办处	湖南省长沙市岳麓区潇湘中路113号湖南省知识产权局办公楼/410006
2	沈阳代办处	辽宁省沈抚试验区沈抚路旺力城88号数字经济产业B园2层/113000
3	济南代办处	山东省济南市高新区舜华路2020号2楼/250101
4	南京代办处	江苏省南京市建邺区汉中门大街145号江苏省政务中心2期2楼服务大厅/210036
5	上海代办处	上海市浦东新区世博村路340号办事大厅/200125
6	西安代办处	西安市碑林区南二环西段69号西安创新设计中心1层102室/710068
7	广州代办处	广东省广州市天河区体育西路57号红盾大厦政务服务大厅/510620
8	武汉代办处	湖北省武汉市洪山区广八路8号/430072
9	郑州代办处	河南省郑州市金水区花园路21号21-10号(郑州市金水区花园路与红旗路交叉口向东50米路北)/450000
10	长春代办处	吉林省长春市人民大街9999号吉林省人民政府政务大厅/130022
11	天津代办处	天津市高新区华苑产业区开华道22号普天创新园3号楼1楼/300384
12	哈尔滨代办处	黑龙江省哈尔滨市松北区创新三路600号科技大厦8楼/150028
13	石家庄代办处	河北省石家庄市体育南大街316号/050000
14	北京代办处	北京市海淀区北四环西路66号中国技术交易大厦A座2层/100086
15	昆明代办处	云南省昆明市日新东路376号云南省市场监督管理局办公大楼附楼1楼服务大厅/650228
16	杭州代办处	浙江省杭州市滨江区丹枫路399号知识产权大厦2楼办事大厅/310052

续表 2-1

序号	名称	地址/邮编
17	贵阳代办处	贵州省贵阳市云岩区中华北路 242 号省政府大院 5 号楼 7 楼/550001
18	重庆代办处	重庆市江北区五简路 9 号(重庆市知识产权局大楼)1 楼大厅/400023
19	深圳代办处	广东省深圳市南山区高新区南区学府路深圳软件产业基地 4 栋 C 座 6 楼/518057
20	福州代办处	福建省福州市鼓楼区软件园 B 区 11 号楼 1 楼/350003
21	乌鲁木齐代办处	新疆乌鲁木齐市经济技术开发区头屯河区喀纳斯湖北路 455 号 G1 栋 6 楼/830022
22	南宁代办处	广西南宁市怡宾路 6 号广西政务服务中心 1 楼 15—18 号窗/530028
23	南昌代办处	江西省南昌市青山湖区京东大道 1139 号江西省市场监督管理局办证大厅/330029
24	银川代办处	宁夏回族自治区银川市兴庆区文化西街 108 号/750001
25	合肥代办处	安徽省合肥市马鞍山路 509 号省政务大厦 C1 区 3 楼/230002
26	南京代办处苏州分理处	江苏省苏州市工业园区金鸡湖大道 1355 号国际科技园三期 1 楼/215000
27	兰州代办处	甘肃省兰州市城关区金昌南路 279 号甘肃省人民政府政务大厅市场监管分中心/730030
28	海口代办处	海南省海口市南海大道 288 号海口生物医药创新综合体办公大楼 1 楼/573011
29	太原代办处	山西省太原市小店区坞城南路 50 号山西省政务服务中心 B 座 1 层/030031
30	西宁代办处	青海省西宁市城西区西川南路 53 号青海省人民政府行政服务和公共服务资源交易中心 1 楼/810008
31	呼和浩特代办处	内蒙古自治区呼和浩特市回民区文化宫街 49 号内蒙古自治区计量测试研究院新华院区 2 号楼/010020

续表 2-1

序号	名称	地址/邮编
32	济南代办处青岛分理处	山东省青岛市崂山区银川东路 9 号崂山湾大厦 14 层/266061
33	拉萨代办处	西藏自治区拉萨市城关区宇拓路 28 号市场监督管理局北楼 313 室/850000
34	成都代办处	四川省成都市高新区天府五街 200 号菁蓉汇 7 栋 5 楼四川省知识产权公共服务平台/610094

注：①本表采用代办处的简称。代办处的全称为国家知识产权局专利局+简称。②相关代办处、分理处的更多信息,可在国家知识产权局官网(https://www.cnipa.gov.cn/)查询。

2018 年,按照党和国家机构改革部署,知识产权管理体制和运行机制实现历史性重构,重新组建的国家知识产权局集中统一管理专利、商标、地理标志和集成电路布图设计。大力推动商标、专利、地理标志、集成电路布图设计等各类型知识产权职能融合、业务协同,更好发挥知识产权综合管理效能,是推动机构职能优化协同高效的内在要求。为贯彻落实中共中央、国务院关于深化"放管服"改革的决策部署,2020 年 1 月 3 日,国家知识产权局印发《关于深化知识产权领域"放管服"改革营造良好营商环境的实施意见》,推出一系列惠企便民的改革措施。其中明确,整合优化知识产权政务服务资源。积极推动知识产权业务集中受理,整合专利代办处、商标受理窗口职能。2020 年 9 月 1 日,国家知识产权局发出《关于规范地方专利商标业务窗口名称 稳步推进知识产权业务"一窗通办"的通知》(国知发运字〔2020〕36 号),推动有条件的专利代办处、商标受理窗口拓展受理业务范围,实现"最多跑一地"。根据该通知要求,国家知识产权局将按照"稳妥有序、统筹兼顾、分类指导、融合发展"的原则,分"两步走"稳妥推进地方业务窗口整合优化工作。

第一步,规范对外窗口名称标识,率先推动省级知识产权部门业务受理窗口"一窗通办"。第二步,统筹优化市县窗口布局,逐步推进专利商标业务融合,提升窗口服务效能。"一窗通办"为专利、商标申请人依法取得知识产权提供了极大的便利。

根据《国家知识产权局关于规范地方专利商标业务窗口名称 稳步推进知识产权业务"一窗通办"的通知》要求,各地区积极整合优化专利商标窗口服务资源,推动知识产权业务受理"一窗通办"。截至2023年3月,根据国家知识产权局公布的情况,我国已有33个知识产权综合业务窗口。它们的基本信息列表如下(表2-2)。

表2-2　国家知识产权局综合业务受理窗口信息

序号	窗口名称	地址
1	国家知识产权局北京业务受理窗口	北京市海淀区北四环西路66号中国技术交易大厦A座2层
2	国家知识产权局天津业务受理窗口	天津市华苑产业园区华天道6号海泰信息广场G座1层
3	国家知识产权局河北业务受理窗口	河北省石家庄市体育南大街316号
4	国家知识产权局山西业务受理窗口	山西省太原市小店区坞城南路50号山西省政务服务中心1层
5	国家知识产权局内蒙古业务受理窗口	内蒙古自治区呼和浩特市赛罕区昭乌达路70号内蒙古科技大厦11楼1100室
6	国家知识产权局辽宁业务受理窗口	辽宁省沈阳市皇姑区崇山中路55号
7	国家知识产权局吉林业务受理窗口	吉林省长春市人民大街9999号吉林省人民政府政务大厅
8	国家知识产权局黑龙江业务受理窗口	黑龙江省哈尔滨市松北区创新三路600号科技大厦8楼
9	国家知识产权局上海业务受理窗口	上海市浦东新区世博村路340号
10	国家知识产权局江苏业务受理窗口	江苏省南京市汉中门大街145号江苏省政务服务中心2期2楼D区窗口
11	国家知识产权局苏州业务受理窗口	江苏省苏州市工业园区金鸡湖大道1355号国际科技园3期1楼

续表2-2

序号	窗口名称	地址
12	国家知识产权局浙江业务受理窗口	浙江省杭州市滨江区丹枫路399号知识产权大厦2楼
13	国家知识产权局安徽业务受理窗口	安徽省合肥市马鞍山路509号省政务服务中心C1座合肥代办处窗口
14	国家知识产权局福建业务受理窗口	福建省福州市鼓楼区软件园B区11号楼1楼
15	国家知识产权局江西业务受理窗口	江西省南昌市青山湖区京东大道1139号江西省市场监督管理局办证大厅
16	国家知识产权局山东业务受理窗口	山东省济南市高新区舜华路2020号山东省知识产权公共服务平台2楼大厅
17	国家知识产权局青岛业务受理窗口	山东省青岛市崂山区银川东路9号崂山湾大厦14层
18	国家知识产权局河南业务受理窗口	河南省郑州市花园路21号-10号
19	国家知识产权局湖北业务受理窗口	湖北省武汉市洪山区广八路8号
20	国家知识产权局湖南业务受理窗口	湖南省长沙市岳麓区潇湘中路113号
21	国家知识产权局广东业务受理窗口	广东省广州市天河区体育西路57号红盾大厦
22	国家知识产权局广西业务受理窗口	广西壮族自治区南宁市怡宾路6号广西政务服务中心1楼
23	国家知识产权局海南业务受理窗口	海南省海口市美兰区青年路8号省知识产权局4楼408室
24	国家知识产权局重庆业务受理窗口	重庆市江北区五简路9号重庆市知识产权局大楼1楼大厅
25	国家知识产权局四川业务受理窗口	四川省成都市高新区天府五街200号菁蓉汇7号楼5层四川省知识产权公共服务平台

续表2-2

序号	窗口名称	地址
26	国家知识产权局贵州业务受理窗口	贵州省贵阳市云岩区中华北路242号省政府大院5号楼408室
27	国家知识产权局云南业务受理窗口	云南省昆明市日新东路376号云南省市场监督管理局附楼1楼服务大厅
28	国家知识产权局西藏业务受理窗口	西藏自治区拉萨市宇拓路28号西藏自治区市场监督管理局北楼313室办公室
29	国家知识产权局陕西业务受理窗口	陕西省西安市碑林区南二环西段69号西安创新设计中心1层102室
30	国家知识产权局甘肃业务受理窗口	甘肃省兰州市城关区甘南路583号甘肃省政务大厅市场监管分中心
31	国家知识产权局青海业务受理窗口	青海省西宁市西川南路53号文博大厦青海省政务服务监督管理局
32	国家知识产权局宁夏业务受理窗口	宁夏回族自治区银川市兴庆区108号自治区政务中心
33	国家知识产权局新疆业务受理窗口	新疆维吾尔自治区乌鲁木齐市头屯河区喀纳斯湖北路455号新疆软件园G1-6楼

5 / 专利申请的原则有哪些?

专利申请主要有单一性原则、先申请原则、优先权原则。

(1)单一性原则。我国《专利法》第9条第1款规定:"同样内容的发明创造只能授予一项专利权。"一件发明或者实用新型专利申请应当限于一项发明或者实用新型,一件外观设计专利申请应当限于一种产品所使用的一项外观设计。同时规定,"同一个申请人同日对同样的发明创造既申请实用新型专利又申请发明专利,先获得的实用新型专利权尚未终止,且申请人声明放弃该实用新型专利权的,可以授予发明专利",体现一项发明创造仅授一项专利。

(2)先申请原则。两个以上的申请人分别就同样的发明创造申请专利的,专利权授予最先申请的人。

(3)优先权原则。申请人自发明或者实用新型在外国第一次提出专利申请之日起12个月内,或者自外观设计在外国第一次提出专利申请之日起6个月内,又在中国就相同主题提出专利申请的,依照该外国同中国签订的协议或者共同参加的国际条约,或者依照相互承认优先权的原则,可以享有优先权。

申请人自发明或者实用新型在中国第一次提出专利申请之日起12个月内,或者自外观设计在中国第一次提出专利申请之日起6个月内,又向国务院专利行政部门就相同主题提出专利申请的,可以享有优先权。

申请人要求发明专利、实用新型专利优先权的,应当在申请的时候提出书面声明,并且在第一次提出发明、实用新型专利申请之日起16个月内,提交第一次提出的专利申请文件的副本。

申请人要求外观设计专利优先权的,应当在申请的时候提出书面声明,并且在3个月内提交第一次提出的专利申请文件的副本。

申请人未提出书面声明或者逾期未提交专利申请文件副本的,视为未要求优先权。

6 / 如何认识专利检索?

专利检索是专利申请之前所必须进行的一项基础性工作。

专利检索是利用各种常用的专利检索工具、检索方法具体查找专利说明书的渠道和方法。常用的检索工具包括:各类专利工具书,如各国的专利分类表、专利文摘、专利题录公报、专利权人索引、专利公报等。查找专利可以按专利分类或按发明人进行。按专利分类查找的步骤:查找专利名称并翻译不同语种的名称;依字母顺序查找所属的专利分类号;用分类表核对或进一步找到课题所属分类号;按分类号查找专利号;按专利号查找专利说明书摘要。按发明人名称查找的步骤:通过专利权人索引查实专利权人的名字或所属公司企业并查实专利本身的名称;按专利号查找专利说明书摘要。

专利检索具有十分重要的意义。对企业来说,可以使企业明晰世界专利的动态、避免重复开发与资金浪费。由于全世界专利众多,且具有优先权的特征,任何人都不能保证自己的想法是世界上独一无二的,你能想到的发明,别人很有可能也想到,所以任何个人和企业在申请专利前,都应认真检索自己的想法是否已经被别人实现,想要申请的专利是否已经出现在世界各大专利数据库中。

7 / 专利分案申请如何规定?

如果专利申请包括两项以上专利,申请人在规定期限,可提出分案申请;如果专利申请被驳回或撤回,不能提出分案申请。

专利局通知申请人在指定期限内对其申请进行修改;申请人期满未答复的,视为撤回。

分案的申请不得改变原申请的类别。

分案申请可保留原申请日,享有优先权的,可以保留优先权日,但是不得超出原申请公开的范围。分案申请的请求书中应当写明原申请的申请号和申请日。

8 / 我国专利合并申请有哪些规定?

一件发明或者实用新型专利申请应当限于一项发明或者实用新型。属于一个总的发明构思的两项以上的发明或者实用新型,可以作为一件申请提出。

一件外观设计专利申请应当限于一项外观设计。同一产品两项以上的相似外观设计,或者用于同一类别并且成套出售或者使用的产品的两项以上外观设计,可以作为一件申请提出。

9 / 我国专利保密申请有哪些规定?

我国《专利法》主要从两个方面作出规定:

(1)申请专利应遵照保密规定。根据我国《专利法》第4条的规定,申请专利的发明创造涉及国家安全或重大利益需要保密的,按照国家有关规定办理。

涉及国家安全主要指国防专用或对国防有重大价值的发明创造。涉及国家重大利益的指涉及国家安全以外的其他重大利益的发明创造。这些发明创造的公开会影响国家的防御能力,损害国家利益或削弱国家实力。

(2)向国外申请专利须进行保密审查。根据我国《专利法》第19条的规定,在中国没有经常居所或者营业所的外国人、外国企业或外国其他组织在中国申请专利和办理其他专利事务的,应当委托依法设立的专利代理机构代理。中国单位或者个人可以根据中华人民共和国参加的有关国际条约提出专利国际申请。申请人提出专利国际申请的,亦应当向国家知识产权局专利局申请保密审查。违反者在中国申请专利,不授予专利权。

10 / 我国专利申请文件修改有哪些要求?

申请人可以对其专利申请文件进行修改,但是,对发明和实用新型专利申请文件的修改不得超出原说明书和权利要求书记载的范围,对外观设计专利申请文件的修改不得超出原图片或者照片表示的范围。

11 / 发明专利审查有哪些程序方面的要求?

(1)发明专利审查的时间要求。国务院专利行政部门收到发明专利申请后,经初步审查认为符合专利法要求的,自申请日起满18个月,即行公布。国务院专利行政部门可以根据申请人的请求早日公布其申请。

发明专利申请自申请日起3年内,国务院专利行政部门可以根据申请人随时提出的请求,对其申请进行实质审查;申请人无正当理由逾期不请求实质审查的,该申请即被视为撤回。

国务院专利行政部门认为必要的时候,可以自行对发明专利申请进行实质审查。

(2)发明专利审查的程序要求。①发明专利的申请人请求实质审查的时候,应当提交在申请日前与其发明有关的参考资料。发明专利已经在外国提出过申请的,国务院专利行政部门可以要求申请人在指定期限内提交该国为审查其申请进行检索的资料或者审查结果的资料;无正当理由逾期不提交的,该申请即被视为撤回。②国务院专利行政部门对发明专利申请进行实质审查后,认为不符合专利法规定的,应当通知申请人,要求其在指定的期限内陈述意见,或者对其申请进行修改;无正当理由逾期不答复的,该申请即被视为撤回。

12 / 如何全面整体认识发明专利审批流程?

受理申请→初步审查→公开申请(自申请日 18 个月即行公开)→实质审查(自递交申请 3 年内)→授权公告→无效期→专利权终止。

13 / 发明专利实质审查内容的规定有哪些?

(1)实质审查须提交的资料。①请求实质审查应该提交申请日前与其发明有关的参考资料;②发明专利已经在国外申请的,提交指定期限内该国申请检索资料和审查结果资料。逾期不提交又无正当理由的,视为撤回。

(2)实质审查的主要内容。①对发明的新颖性、创造性、实用性进行审查。不符合"三性"要求的,书面通知申请人或代理人,在指定的期限内陈述意见,进行修改。②单一性审查。一件申请只允许涉及一项发明。只有在几项发明之间由一个总的发明构思相互关联的情况下才被允许合案申请。对于不符合单一性要求的情况,应通知申请人或代理人做分案处理。③对说明书和权利要求书的审查。说明书应清楚完整地说明发明的主要技术特征,使同领域技术人员能够实施,并能对权利要求给予支持。递交修改后的文本,不得超出原始申请文件公开的范围,否则应当陈述意见。④国务院专利行政部门对发明专利申请进行实质审查后,认为不符合专利法规定的,应当通知申请人,要求其在指定期限内陈述意见,或者对其申请进行修改;无正当理由逾期不答复的,该申请即视为撤回。

14 / 如何对实用新型和外观设计专利申请进行审查?

实用新型和外观设计专利申请经过初审没有发现驳回理由的,由国务院专利行政部门做出授予实用新型专利权或者外观设计专利权的决定,发给相应的专利证书,同时予以登记和公告。实用新型专利权和外观设计专利权自公告之日起生效。

(1)审查制度。根据我国《专利法》的相关规定,对实用新型专利和外观设计专利采用"初审登记"制。实用新型和外观设计的内容较发明简单,采用"初审登记"可加快审批速度,促进使用。而对不符合我国《专利法》实质性要求的实用新型和外观设计,可以通过以后的无效程序进行监督和审查。

(2)审查程序。受理申请→初步审查→授权公告。其中每一流程中的工作内容与发明专利审批相同,只是实用新型和外观设计授权公告的文件没有经过实质审查。

15 / 请求集中审查的条件有哪些?

集中审查依请求而启动,专利申请人或省级知识产权管理部门都可以提出。当有多个申请人时,应当经全体申请人同意。

请求进行集中审查的专利申请应当符合以下条件:

(1)实质审查请求已生效且未开始审查的发明专利申请。对于同一申请人同日对同样的发明创造既申请实用新型专利又申请发明专利的,该发明专利申请暂不纳入集中审查范围。

(2)涉及国家重点优势产业,或对国家利益、公共利益具有重大意义。

(3)同一批次内申请数量不低于 50 件,且实质审查请求生效时间跨度不超过 1 年。

(4)未享受过优先审查等其他审查政策。

16 / 集中审查请求需要提交哪些材料?

集中审查请求人需要提交《专利申请集中审查请求书》和专利申请清单(清单需提交纸件和电子件各一份),以及需要的其他材料。请求书中应填写请求人、联系人及联系方式、所属技术领域、请求集中审查理由及全部专利申请人的签字或盖章。特别是,请求书中应详细说明请求集中审查的理由,电子申请清单中应当写明每件专利申请与所主张的"关键技术"的关系,上述内容将帮助国家知识产权局判断进行集中审查的必要性和可行性。

17 / 专利申请优先审查的适用范围是什么?

根据《专利优先审查管理办法》第 2 条的规定,专利申请或者案件适用优先审查的有:

(1)实质审查阶段的发明专利申请。

(2)实用新型和外观设计专利申请。

(3)发明、实用新型和外观设计专利申请的复审。

(4)发明、实用新型和外观设计专利的无效宣告。

18 / 优先审查结案期限怎么规定?

根据《专利优先审查管理办法》第 10 条的规定,国家知识产权局同意进行优先审查的,应当自同意之日起,在以下期限内结案:

(1)发明专利申请在 45 日内发出第一次审查意见通知书,并在 1 年内结案。

(2)实用新型和外观设计专利申请在 2 个月内结案。

(3)专利复审案件在 7 个月内结案。

(4)发明和实用新型专利无效宣告案件在 5 个月内结案,外观设计专利无效宣告案件在 4 个月内结案。

19 / 哪些技术领域属于不能优先审查的领域?

国家知识产权局 2016 年印发《专利质量提升工程实施方案》,为了深入实施专利质量提升工程,对重点区域开展专利申请质量实时监测,国家知识产权局确定将发明的 35 个技术领域、实用新型的 5 个技术领域和外观设计的 7 个技术领域确定为重点关注的特定领域,暂不予优先审查。

20 / 申请人对驳回决定或者复审决定不服的救济途径是什么?

专利申请人对国务院专利行政部门驳回申请的决定不服的,可以自收到通知之日起 3 个月内向国务院专利行政部门请求复审。国务院专利行政部门复审后,做出决定,并通知专利申请人。

专利申请人对国务院专利行政部门的复审决定不服的,可以自收到通知之日起 3 个月内向人民法院起诉。

四、专利的保护期限、终止和无效

1 / 我国专利保护期限是如何规定的?

发明专利权的期限为 20 年,实用新型专利权的期限为 10 年,外观设计专利权的期限为 15 年,均自申请日起计算。

自发明专利申请日起满 4 年,且自实质审查请求之日起满 3 年后授予发明专利权的,国务院专利行政部门应专利权人的请求,就发明专利在授权过程中的不合理延迟给予专利权期限补偿,但由申请人引起的不合理延迟除外。

为补偿新药上市审评审批占用的时间,对在中国获得上市许可的新药相关发明专利,国务院专利行政部门应专利权人的请求给予专利权期限补偿。补偿期限不超过 5 年,新药批准上市后总有效专利权期限不超过 14 年。

2 / 专利权终止存在哪些情形?

专利权的终止,是指专利权因法律规定的原因的发生而归于消灭。

专利权的终止,按发生的原因划分有下列四种情形:

(1)专利权因书面声明放弃而终止。

(2)专利权因期限届满而终止。

(3)专利权因无人继承而终止。

（4）专利权因未缴纳年费而终止。

专利权终止后,专利进入公有领域。专利权终止没有追溯的效力。

3 / 专利保护期在哪些情形下会提前终止?

我国专利权在期限届满前终止,有两种情形:

（1）没有按照规定缴纳年费的。

（2）专利权人以书面声明放弃其专利权的。

专利权在期限届满前终止的,由国务院专利行政部门登记和公告。

4 / 专利无效宣告及其如何实施?

（1）自国务院专利行政部门公告授予专利权之日起,任何单位或者个人认为该专利权的授予不符合专利法有关规定的,可以请求国务院专利行政部门宣告该专利权无效。

（2）宣告专利无效的具体规定。①受理专利无效请求的机构是国家知识产权局专利局。②请求时间:自国家知识产权局专利局公告授予专利权之日起任何时间,即使专利权终止后,也可以提出无效宣告请求。③无效宣告请求人的资格没有限制,即任何单位和个人。

5 / 专利无效宣告的法律后果有哪些?

宣告无效的专利权视为自始即不存在。

宣告专利权无效的决定,对在宣告专利权无效前人民法院作出并已执行的专利侵权的判决、调解书,已经履行或者强制执行的专利侵权纠纷处理决定,以及已经履行的专利实施许可合同和专利权转让合同,不具有追溯力。但是因专利权人的恶意给他人造成的损失,应当给予赔偿。

依照前述规定不返还专利侵权赔偿金、专利使用费、专利权转让费,明显违反公平原则的,应当全部或者部分返还。

五、专利应用

 专利许可使用和转让的一般规定是什么?

专利申请权和专利权可以转让。中国单位或者个人向外国人、外国企业或者外国非法人组织转让专利申请权或者专利权的,应当依照有关法律、行政法规的规定办理手续。转让专利申请权或者专利权的,当事人应当订立书面合同,并向国务院专利行政部门登记,由国务院专利行政部门予以公告。专利申请权或者专利权的转让自登记之日起生效。

任何单位或者个人实施他人专利的,应当与专利权人订立实施许可合同,向专利权人支付专利使用费。被许可人无权允许合同规定以外的任何单位或者个人实施该专利。

② 什么是发明专利的推广应用?

国有企业事业单位的发明专利,对国家利益或者公共利益具有重大意义的,国务院有关主管部门和省级政府报经国务院批准,可以决定在批准的范围内推广应用,允许指定的单位实施,由实施单位按照国家规定向专利权人支付使用费。

推广应用的客体不适用于实用新型和外观设计。

③ 如何理解和把握专利开放许可?

专利开放许可是专利权人自愿以书面方式向国务院专利行政部门声明愿意许可任何单位或者个人实施其专利,并明确许可使用费支付方式、标准的,由国务院专利行政部门予以公告的许可方式。就实用新型、外观设计专利提出开放许可声明的,应当提供专利权评价报告。

(1)开放许可具有可撤销性。专利权人撤回开放许可声明的,应当以书面方式提出,并由国务院专利行政部门予以公告。开放许可声明被公告撤回的,不影响在先给予的开放许可的效力。

(2)获得专利实施许可以书面通知专利权人并按照公告方式、标准支付许可使用费为条件。任何单位或者个人有意愿实施开放许可专利的,以书面方式通知专利权人,并依照公告的许可使用费支付方式、标准支付许可使用费后,即获得专利实施许可。

(3)开放许可被许可人仅仅获得普通许可。实行开放许可的专利权人可以与被许可人就许可使用费进行协商后给予普通许可,但不得就该专利给予独占或者排他许可。

(4)开放许可实施期间,对专利权人缴纳专利年费相应给予减免。

(5)当事人就实施开放许可发生纠纷的,由当事人协商解决;不愿协商或者协商不成的,可以请求国务院专利行政部门进行调解,也可以向人民法院起诉。

 ／ 专利强制许可包括哪些具体情形?

专利强制许可,又称为非自愿许可,是指国务院专利行政部门依照法律规定,不经专利权人的同意,直接许可具备实施条件的申请者实施发明或实用新型专利的一种行政措施。其目的是促进实施,防止滥用专利权,维护国家利益和社会公共利益。强制许可不适用外观设计专利。具言之,我国发明和实用新型专利强制许可有下列四种类型:

构成强制许可的第一种类型,即权利人不实施的强制许可。根据我国《专利法》第53条的规定,下列两种情况可对发明和实用新型强制许可:①专利权人自专利权被授之日起满3年,且自申请之日起满4年,无正当理由未实施或未充分实施;②专利权人行使专利权行为被依法认定为垄断行为,为消除或减少该行为对竞争产生的不利影响的。

强制许可的第二类型,即为应急和公共利益的强制许可。根据我国《专利法》第54条的规定,在国家出现紧急状态或者非常情况时,或者为了公共利益的目的,国务院专利行政部门可以给予实施发明专利或者实用新型专利的强制许可。①在国家出现紧急状态时,如发生战争而危及国家公共安全的状态;②在国家有非常情况时,如自然灾害情况;③为了公共利益目的,如为供应国内市场。

强制许可的第三类型,即为公共健康目的的药品专利强制许可。据2005 年 12 月通过的《修改〈与贸易有关的知识产权协议〉议定书》,我国《专利法》第 55 条规定,为公共健康目的,对取得专利权的药品,国务院专利行政部门可以给予制造并将其出口到符合中国参加的有关国际条约规定的国家或地区的强制许可。即可以突破制造权和进口权。

强制许可的第四类型,从属专利的强制许可。根据我国《专利法》第 56 条的规定,一项取得专利权的发明或实用新型比前已经取得专利权的专利更具显著经济意义和重大技术进步,但其实施又赖于前一专利的实施,国家知识产权局专利局据后一专利权人申请,可以给前一发明或实用新型以强制许可。同理,也可据前专利权人申请,予后一发明或实用新型以强制许可。

 专利强制许可的程序是什么?

(1)请求。请求人应向专利局提交强制许可请求书,说明理由并附具有关证明文件各一式两份。根据我国《专利法》第 59 条的规定,应以请求人以合理的条件请求专利权人许可其实施专利,但未能在合理的时间内获得许可为目的组织证据。

(2)送达。专利局应将强制许可请求书副本送交专利权人。

(3)陈述。专利权人应在指定的期限内陈述意见;期满未答复的,不影响强制许可的决定。

(4)公告。强制许可的决定及时通知专利权人,并登记和公告。公告实施的范围和时间。

(5)终止。强制许可的理由消除并不再发生时,据专利权人请求,经审查后作出终止实施强制许可的决定。

 强制许可的效力是怎样的?

(1)取得实施强制许可证的单位或个人不享有独占实施权,并且无权许可他人实施。

（2）取得实施强制许可的单位或个人应付给专利权人合理的使用费。使用费的数额由双方协商；双方不能达成协议，由国务院专利行政部门裁决。

 7 / **强制许可中的诉讼如何处理？**

专利权人对国务院专利行政部门关于实施强制许可的决定不服的，专利权人和取得实施强制许可的单位或者个人对国务院专利行政部门关于实施强制许可的使用费的裁决不服的，可以自收到通知之日起3个月内向人民法院起诉。

该行政诉讼，以国家知识产权局为被告。

8 / **不视为侵犯专利权的情形有哪些？**

专利权是独占性的专有权，除法律规定的情形外，未经许可实施他人专利都构成直接侵权。但某些情况下，未经许可实施他人专利的行为具有合理性，需要对专利权进行合理性限制，实现专利权人合法利益和社会公共利益的平衡。为此，法律上规定了一些不视为侵权专利权的情形。这些情形无需经过许可也无需支付使用费，因此，不视为侵犯专利权的情形，可以构成专利法上的合理使用。

我国《专利法》第75条专门规定了5种不视为侵犯专利权的情形：

（1）专利产品或者依照专利方法直接获得的产品，由专利权人或者经其许可的单位、个人售出后，使用、许诺销售、销售、进口该产品的。

（2）在专利申请日前已经制造相同产品、使用相同方法或者已经做好制造、使用的必要准备，并且仅在原有范围内继续制造、使用的。

（3）临时通过中国领陆、领水、领空的外国运输工具，依照其所属国同中国签订的协议或者共同参加的国际条约，或者依照互惠原则，为运输工具自身需要而在其装置和设备中使用有关专利的。

（4）专为科学研究和实验而使用有关专利的。

（5）为提供行政审批所需要的信息，制造、使用、进口专利药品或者专利医疗器械的，以及专门为其制造、进口专利药品或者专利医疗器械的。

9 / 专利许可使用及其主要类型有哪些？

专利实施许可就是专利权人通过合同的形式允许被许可人（方）在一定的时间、范围内以合同约定方式实施其拥有专利的行为。

专利实施许可主要有三个类型，即独占许可、排他许可和普通许可。

（1）独占许可。独占许可是指在一定地域内，被许可方在合同有效期间拥有独占的权利，许可方自己不能在该地域内使用，也不得再许可第三方使用。但专利的所有权仍属于许可方。这种许可方式不轻易被采用，它对专利权人限制太多。（自己和他人都不能使用）

（2）排他许可。排他许可是指在一定地域内，被许可方在合同有效期间对被许可使用的专利技术享有排他的使用权，许可方不得把该专利技术再许可第三方使用，但许可方自己有权在该地域内使用该项技术。（排人不排己）

（3）普通许可。普通许可是指许可方允许被许可方在指定的地域内使用其专利技术，同时，许可方自己有权在该地域内使用该技术，也可以许可第三方使用。

10 / 专利权转让有哪些规定？

（1）转让及其形式。根据我国《专利法》的规定，专利转让权包括专利申请权转让、专利权转让和优先权转让。转让有两种形式：一种是合同转让，如因买卖、交换、赠与、技术入股进行的专利权转让；另一种是继承转让，如以法定继承、遗嘱继承、馈赠等方式进行的专利权转让。

（2）转让生效的条件。转让专利申请权或者专利权的，当事人应当订立书面合同，并向国家知识产权局专利局登记，由国家知识产权局予以公告。专利申请权或专利权的转让自登记之日起生效。

11 / **专利实施许可合同的备案和查询工作如何开展?**

(1)备案。专利权人与他人订立的专利实施许可合同,应当自合同生效之日起 3 个月内向国务院专利行政部门备案。

(2)查询。根据《专利实施许可合同备案办法》(第 62 号)的相关规定,国家知识产权局负责全国专利实施许可合同的备案工作。建立专利实施许可合同备案数据库。公众可以查询专利实施许可合同备案的法律状态。

(3)专利实施许可合同备案。专利实施许可合同备案,既可以直接到国家知识产权局专利局初审流程管理部代办业务管理处办理,也可以通过邮寄的方式办理,或是到国家知识产权局设立的各地方代办处办理,但需要准备的资料是相同的。

(4)专利合同备案应当提交以下文件各一式两份。①许可人或者其委托的专利代理机构签字或者盖章的专利实施许可合同备案申请表;②专利实施许可合同(合同需要原件,要有红章不能复印件,有部分客户不会写合同的可以在国家知识产权局官网下载一份专利许可备案合同的模版,模版页尾有示例可以参考);③双方当事人的身份证明(身份证明如果是需要翻译的要附带翻译材料另外要盖上翻译公司的章);④委托专利代理机构的,注明委托权限的委托书。

12 / **办理专利质押登记流程及文件是什么?**

登录国家知识产权局专利事务服务系统→选择质押登记许可界面→填写质押登记信息并上传质押登记文件→审核通过后次日即可取证。

根据《专利权质押登记办法》第 7 条的规定,申请专利权质押登记的,当事人应当向国家知识产权局提交下列文件:

(1)出质人和质权人共同签字或者盖章的专利权质押登记申请表。

(2)专利权质押合同。

(3)双方当事人的身份证明。

（4）委托代理的,注明委托权限的委托书。

（5）其他需要提交的材料。

（6）专利权经过资产评估的,当事人还应当提交资产评估报告。

六、专利保护

 如何确定专利权保护的范围?

发明或者实用新型专利权的保护范围以其权利要求的内容为准,说明书及附图可以用于解释权利要求的内容。

外观设计专利权的保护范围以表示在图片或者照片中的该产品的外观设计为准,简要说明可以用于解释图片或者照片所表示的该产品的外观设计。

 专利侵权有哪些类型?

所谓侵犯专利权,是指在专利权的有效期限内,任何人在未经专利权人许可,也没有其他法定事由的情况下,以生产经营为目的实施专利的行为。

专利侵权的类型或种类,学理上分为直接侵权和间接侵权两类。

（1）直接侵权。我国《专利法》第65条的规定,未经专利权人许可,实施其专利,即侵犯其专利权。据此,我国《专利法》第11条规定,直接侵权基于发明和实用新型专利表现为未经专利权人许可,为生产经营目的制造、使用、许诺销售、销售、进口其专利产品,或者使用其专利方法以及使用、许诺销售、销售、进口依照该专利方法直接获得的产品。前者主要为产品发明和实用新型专利的直接侵权表现形式,后者为方法发明专利的直接侵权表现形式。基于外观设计专利权的直接侵权表现形式为未经专利权人许可,为生产经营目的制造、许诺销售、销售、进口其外观设计专利产品。

（2）间接侵权。当今学界争论的热点问题。所使用的概念没有统一,如"间接侵权""帮助侵权""唆使侵权""共同侵权""连带侵权"等。对专利间接侵权的内涵和外延也存在不同理解。

3 / 专利侵权行为的构成要件有哪些?

结合法律规定,侵犯专利权的行为的构成要件有:

(1)客体的有效性;

(2)以生产经营为目的;

(3)未经专利权人许可的实施行为。

4 / 专利侵权纠纷的解决方式有哪些?

专利侵权纠纷的解决方式主要有以下3种。

(1)协商解决。未经专利权人许可,实施其专利,即侵犯其专利权,引起纠纷的,由当事人协商解决。这是产生侵权纠纷的最初解决方式,也是最佳解决方式。可以采用民间调解方式。此种方式效率最高、成本最低,但现实中会存在协商难以达成满意效果或协商不能的情况。

(2)司法解决。在侵权纠纷当事人不愿协商或者协商不成的,专利权人或者利害关系人可以向人民法院起诉,寻求司法途径解决纠纷。

(3)行政处理。行政处理主要分为一般处理和特殊处理。

一般处理:专利侵权纠纷当事人可以请求管理专利工作的部门处理。管理专利工作的部门处理时,认定侵权行为成立的,可以责令侵权人立即停止侵权行为,当事人不服的,可以自收到处理通知之日起15日内依照《中华人民共和国行政诉讼法》(以下简称我国《行政诉讼法》)向人民法院起诉;侵权人期满不起诉又不停止侵权行为的,管理专利工作的部门可以申请人民法院强制执行。进行处理的管理专利工作的部门应当事人的请求,可以就侵犯专利权的赔偿数额进行调解;调解不成的,当事人可以依照《中华人民共和国民事诉讼法》向人民法院起诉。

特殊处理:我国《专利法》第70条规定,国务院专利行政部门可以应专利权人或者利害关系人的请求处理在全国有重大影响的专利侵权纠纷。地方人民政府管理专利工作的部门应专利权人或者利害关系人请求处理专利侵权纠纷,对在本行政区域内侵犯其同一专利权的案件可以合并处理;对跨区域侵犯其同一专利权的案件可以请求上级地方人民政府管理专利工作的部门处理。

此外,仲裁也是解决专利纠纷的途径和方式。

5 / 如何处理假冒专利行为?

假冒专利行为是指侵害专利权人的标记权,使他人误认。

(1)假冒专利行为。《〈中华人民共和国专利法〉实施细则》第84条规定了假冒专利行为的四种形式:①在未被授予专利权的产品或者其包装上标注专利标识,专利权被宣告无效后或者终止后继续在产品或者其包装上标注专利标识,或者未经许可在产品或者产品包装上标注他人的专利号;②销售前述产品;③在产品说明书等材料中将未被授予专利权的技术或者设计称为专利技术或者专利设计,将专利申请称为专利,或者未经许可使用他人的专利号,使公众将所涉及的技术或者设计误认为是专利技术或者专利设计;④伪造或者变造专利证书、专利文件或者专利申请文件;⑤其他使公众混淆,将未被授予专利权的技术或者设计误认为是专利技术或者专利设计的行为。还应当注意的是专利权终止前依法在专利产品、依照专利方法直接获得的产品或者其包装上标注专利标识,在专利权终止后许诺销售、销售该产品的,不属于假冒专利行为。销售不知道是假冒专利的产品,并且能够证明该产品合法来源的,由管理专利工作的部门责令停止销售,但免除罚款的处罚。

(2)假冒专利行为的法律责任。假冒专利的,除依法承担民事责任外,由负责专利执法的部门责令改正并予公告,没收违法所得,可以处违法所得5倍以下的罚款;没有违法所得或者违法所得在5万元以下的,可以处25万元以下的罚款;构成犯罪的,依法追究刑事责任。

(3)对假冒专利行为的行政查处。负责专利执法的部门已经取得证据,对涉嫌假冒专利行为进行查处时,可以有权采取下列措施:①询问有关当事人,调查与涉嫌违法行为有关的情况;②对当事人涉嫌违法行为的场所实施现场检查;③查阅、复制与涉嫌违法行为有关的合同、发票、账簿以及其他有关资料;④检查与涉嫌违法行为有关的产品;⑤对有证据证明是假冒专利的产品,可以查封或者扣押。

6 / 专利侵权的判定原则是什么?

经过百余年的立法和司法实践,专利侵权判定已经形成了一套完整的判定原则、规则和方法,但是随着技术创新和专利制度自身的发展,这些原则、规则和方法也在不断地变化和完善。根据我国的专利法理论和司法实践,专利侵权的判定原则包括相同侵权原则和等同侵权原则。

(1)相同侵权原则。相同侵权原则又称全面覆盖原则,是指把被控侵权的产品或方法(以下称被控侵权物)与某一专利的权利要求比,如果被控侵权物具备了权利要求记载的每一个技术特征,或说权利要求书中的每一个技术特征都可在被控侵权物中找到,即侵权物落入了专利权的保护范围,构成相同侵权。

判断规则:①被控侵权物的技术特征与他人专利的技术特征全部相同,专利侵权成立;②被控侵权物的技术特征除了包含他人专利的全部技术特征外,还包含其他技术特征,专利侵权成立;③被控侵权物的技术特征少于他人专利的技术特征的数量,专利侵权不成立。

(2)等同侵权原则。等同侵权原则,在英国叫作"发明精髓原则",在德国叫作"总的发明构思",在美国叫作"等同原则"。我国在运用等同原则进行专利侵权判定时,多借鉴欧美国家的司法经验,尤其是美国的经验。

等同原则指被控侵权物(产品或方法)中有一个或一个以上技术特征经与专利独立权利要求保护的技术特征相比,从字面上看不出相同,但经过分析可以认定两者是相等同的技术特征。

等同特征是指被控侵权物的技术特征与所记载的技术特征相比,以基本相同的手段,实现基本相同的功能,达到基本相同的效果;对该专利所属领域普通技术人员来说,通过阅读专利权利要求和说明书,无须经过创造性劳动就能够联想到的技术特征。

7 / 什么是专利侵权惩罚性赔偿?

我国《专利法》中的惩罚性赔偿系指对故意侵犯专利权,情节严重的,按照依法确定的实际损失、侵权所得利益、专利许可使用费合理倍数的 1 倍以上 5 倍以下确定的赔偿数额。

8 专利诉讼中的抗辩事由有哪些?

(1)非生产经营目的抗辩。根据我国《专利法》第 11 条的规定,任何人未经专利权人许可,都不得为生产经营目的制造、使用、许诺销售、销售、进口其专利产品,或者使用其专利方法以及使用、许诺销售、销售、进口依照该专利方法直接获得的产品。因此,以生产经营为目的是构成侵犯专利权的必要条件。

(2)现有技术或现有设计的抗辩。根据我国《专利法》第 67 条的规定,被控侵权人有证据证明其实施的技术或者设计属于现有技术或者现有设计的,不构成侵犯专利权。

(3)权利用尽抗辩。根据我国《专利法》第 75 条第 1 款的规定,专利产品或者依照专利方法直接获得的产品,由专利权人或者经其许可的单位、个人售出后,使用、许诺销售、销售、进口该产品的,不构成侵犯专利权。

(4)先用权抗辩。根据我国《专利法》第 75 条第 2 款的规定,在专利申请日前已经制造相同产品、使用相同方法或者已经作好制造、使用的必要准备,并且仅在原有范围内继续制造、使用的,不构成侵犯专利权。

(5)临时过境抗辩。根据我国《专利法》第 75 条第 3 款的规定,临时通过中国领陆、领水、领空的外国运输工具,依照其所属国同中国签订的协议或者共同参加的国际条约,或者依照互惠原则,为运输工具自身需要而在其装置和设备中使用有关专利的,不构成侵犯专利权。

(6)科研及实验目的抗辩。根据我国《专利法》第 75 条第 4 款的规定,专为科学研究和实验而使用有关专利的,不构成侵犯专利权。

(7)医药行政审批抗辩。根据我国《专利法》第 75 条第 5 款的规定,为提供行政审批所需要的信息,制造、使用、进口专利药品或者专利医疗器械的,以及专门为其制造、进口专利药品或者专利医疗器械的,不构成侵犯专利权。

(8)权利懈怠抗辩。参照《民法典》第 188 条的规定,侵犯专利权的诉讼时效为 3 年,自专利权人或者利害关系人得知或者应当得知侵权行为之日起计算。我国《专利法》第 74 条明确规定,侵犯专利权的诉讼时效为 3 年,自专利权人或者利害关系人知道或者应当知道侵权行为以及侵权人之日起计算。发明专利申请公布后至专利权授予前使用该发明未支付适当使用费的,专利权人要求支付使用费的诉讼时效为 3 年,自专利权人知道或者应当知道他人使用其发明之日起计算,但是,专利权人于专利权授予之日前即已知道或者应当知道的,自专利权授予之日起计算。权利懈怠抗辩即权利人在一定期间内即超过诉讼时效内未行使权利而使义务人获得抗辩权可以拒绝履行其义务。①

(9)合法来源抗辩。根据我国《专利法》第 77 条的规定,为生产经营目的使用、许诺销售或者销售不知道是未经专利权人许可而制造并售出的专利侵权产品,能证明该产品合法来源的,不承担赔偿责任。

(10)禁止反悔抗辩。根据《最高人民法院关于审理侵犯专利权纠纷案件应用法律若干问题的解释》第 6 条的规定,专利申请人、专利权人在专利授权或无效宣告中,通过对权利要求、说明书的修改或意见陈述而放弃的技术方案,在侵权纠纷中又纳入保护范围,法院不支持。

(11)滥用专利权的抗辩。司法实践中滥用专利权行为表现为搭售、一揽子许可、拒绝许可及标准专利权的滥用等。在我国,"权利不得滥用"是民法的基本原则,如《民法典》第 132 条。

《中华人民共和国反垄断法》第 55 条对于知识产权滥用的规制有概括性规定,经营者滥用知识产权,排除、限制竞争的行为,适用本法。但是,目前我国尚缺乏能有效预防和制止滥用专利权行为的具体法律规定。

9 / 我国专利保护期补偿制度是如何规定的?

我国有两种专利权期限补偿制度。

(1)专利保护期补偿制度。自发明专利申请日起满 4 年,且自实质审查请求之日起满 3 年后授予发明专利权的,国务院专利行政部门应专利权人的

---

① 黄薇:《中华人民共和国民法典总则编释义》,法律出版社 2020 年版,第 499 页。

请求,就发明专利在授权过程中的不合理延迟给予专利权期限补偿,但由申请人引起的不合理延迟除外。

(2)药品专利保护期补偿制度。为补偿新药上市审评审批占用的时间,对在中国获得上市许可的新药相关发明专利,国务院专利行政部门应专利权人的请求给予专利权期限补偿。补偿期限不超过 5 年,新药批准上市后总有效专利权期限不超过 14 年。

⑩ / 我国药品专利保护制度是怎样的?

药品上市审评审批过程中,药品上市许可申请人与有关专利权人或者利害关系人,因申请注册的药品相关的专利权产生纠纷的,相关当事人可以向人民法院起诉,请求就申请注册的药品相关技术方案是否落入他人药品专利权保护范围作出判决。国务院药品监督管理部门在规定的期限内,可以根据人民法院生效裁判做出是否暂停批准相关药品上市的决定。

药品上市许可申请人与有关专利权人或者利害关系人也可以就申请注册的药品相关的专利权纠纷,向国务院专利行政部门请求行政裁决。

国务院药品监督管理部门会同国务院专利行政部门制定药品上市许可审批与药品上市许可申请阶段专利权纠纷解决的具体衔接办法,报国务院同意后实施。

⑪ / 侵犯专利权的诉讼时效有多长时间?

根据我国《专利法》第74条的规定,侵犯专利权的诉讼时效为 3 年,自专利权人或者利害关系人知道或者应当知道侵权行为以及侵权人之日起计算。发明专利申请公布后至专利权授予前使用该发明未支付适当使用费的,专利权人要求支付使用费的诉讼时效为 3 年,自专利权人知道或者应当知道他人使用其发明之日起计算,但是,专利权人于专利权授予之日前即已知道或者应当知道的,自专利权授予之日起计算。

《最高人民法院关于审理专利纠纷案件适用法律问题的若干规定》(2020 年修正)第 17 条也规定,侵犯专利权的诉讼时效为 3 年,自专利权人或者利害关系人知道或者应当知道权利受到损害以及义务人之日起计算。权利人超过3年起诉的,如果侵权行为在起诉时仍在继续,在该项专利权有效期内,人民法院应当判决被告停止侵权行为,侵权损害赔偿数额应当自权利人向人民法院起诉之日起向前推算3年计算。

12 / 管理专利工作的部门对涉嫌假冒专利如何进行查处?

负责专利执法的部门根据已经取得的证据,对涉嫌假冒专利行为进行查处时,有权采取下列措施:

(1)询问有关当事人,调查与涉嫌违法行为有关的情况。

(2)对当事人涉嫌违法行为的场所实施现场检查。

(3)查阅、复制与涉嫌违法行为有关的合同、发票、账簿,以及其他有关资料。

(4)检查与涉嫌违法行为有关的产品。

(5)对有证据证明是假冒专利的产品,可以查封或者扣押。

管理专利工作的部门应专利权人或者利害关系人的请求处理专利侵权纠纷时,可以采取前款第(1)项、第(2)项、第(4)项所列措施。

负责专利执法的部门、管理专利工作的部门依法行使前两款规定的职权时,当事人应当予以协助、配合,不得拒绝、阻挠。

13 / 专利行政执法需遵循哪些原则?

管理专利工作的部门开展专利行政执法(处理专利侵权纠纷、调解专利纠纷以及查处假冒专利行为)应遵循以下原则:

(1)管理专利工作的部门处理专利侵权纠纷应当以事实为依据、以法律为准绳,遵循公正、及时的原则。

(2)管理专利工作的部门调解专利纠纷,应当遵循自愿、合法的原则,在查明事实、分清是非的基础上,促使当事人相互谅解,达成调解协议。

(3)管理专利工作的部门查处假冒专利行为,应当以事实为依据、以法律为准绳,遵循公正、公开的原则,给予的行政处罚应当与违法行为的事实、性质、情节以及社会危害程度相当。

 ## 14 / 开展专利侵权纠纷行政裁决工作的重点任务是什么？

开展专利侵权纠纷行政裁决工作的重点任务有以下 6 个方面。

（1）夯实制度基础。鼓励、支持地方立法部门在出台相关地方性条例时加入专利侵权纠纷行政裁决的相关程序性和实体性条款。在起草、修订相关地方性法规时，涉及专利侵权纠纷的，应将"作出处理""作出决定"等表述调整为"作出行政裁决"。并应及时总结现行做法，借鉴其他部门有益经验，细化专利侵权纠纷行政裁决程序规范和实体标准，健全配套制度，减少模糊地带。

（2）畅通受理渠道。严格按照法律法规和法定程序履行专利侵权纠纷行政裁决职责。主动公开本单位开展专利侵权纠纷行政裁决工作的依据、法定职责和案件受理范围，公开案件办理程序和流程。推动人民法院、人民调解委员会和专业调解组织建立并落实行政裁决告知制度，引导律师和基层法律服务工作者积极告知行政裁决渠道。认真落实"谁执法谁普法"的普法责任制，运用多种方式大力宣传专利侵权纠纷行政裁决的优势特点、工作成效和典型案例，鼓励引导相关权利人通过行政裁决解决专利侵权纠纷。

（3）创新工作方式。推行专利侵权纠纷案件立案登记制，简化立案手续。建立案件送达信息网上公告制度，方便案件送达。对立案时请求人已提交专利权评价报告的外观设计、实用新型专利侵权案件，经当事人陈述和质证后，推行专利侵权纠纷案件书面审理机制。对庭前准备充足、证据收集全面、庭审调查清晰的案件，鼓励口头审理结束后当庭作出裁决。聘请专业技术人员作为技术调查员，参与案件办理，协助查明技术事实，提供咨询意见。建立专利行政裁决与专利确权程序的联动机制，涉案专利被提起无效宣告请求的，侵权纠纷承办地省（区、市）知识产权局可以商国家知识产权局知识产权保护司会同专利局复审和无效审理部开展联合审理。

（4）做好衔接协调。地方知识产权局裁决专利侵权纠纷应当先行调解，并充分运用行政指导等方式，通过提供事实调查结果、专业鉴定或法律意见，推动当事人协商解决纠纷。当事人经调解达成协议的，地方知识产权局应当及时制作调解协议书,并引导当事人依法申请司法确认;调解不能达成协议的,地方知识产权局应及时作出裁决。建立无争议事实记载制度,对调解过程中已确认的无争议事实,在行政裁决过程中无须当事人再次举证。但涉及国家利益、公共利益和他人合法权益,或者有相反证据足以推翻原确认事实的,应当要求当事人重新举证。

(5)健全工作机制。省级知识产权局和案件量较大的市级知识产权局要明确专门处室或专人承担具体工作,确保满足行政裁决工作需要和社会需求。完善专利侵权纠纷行政裁决案件在各级行政部门中的督办、转办、移送等程序,加快构建职责清晰、权责对等、运转高效的工作体制机制。建立办案分级指导机制,跨省份或具有全国影响力的案件由国家知识产权局指导或督办,跨地级市的案件由省(区、市)知识产权局指导或督办。通过上级机关委托或地方法规授权的方式,依法推动有条件的县级知识产权局开展专利侵权纠纷行政裁决工作。省(区、市)知识产权局可组织辖区内执法办案骨干依法集中、快速办理辖区内的重大、疑难案件。

(6)加强能力建设。各地方知识产权局要加强专利侵权纠纷行政裁决队伍建设,配齐配强工作人员,优先配备取得国家统一法律职业资格的人员从事行政裁决工作。通过集中培训、业务指导、案例宣讲、考核评估等方式提升行政裁决人员专业能力和业务水平。积极探索行政裁决队伍专业化、职业化发展模式,培养能办案、善办案的专利侵权纠纷行政裁决专业队伍。积极开展专利侵权纠纷检验鉴定技术支撑体系建设工作,推进建立地方知识产权侵权判定专家库,发挥法律顾问和公职律师作用,进一步提升行政裁决办案能力以及案件办理的专业性。

15 侵犯专利权案件中赔偿数额的确定依据是什么?具体数额范围如何界定?

侵犯专利权的赔偿数额按照权利人因被侵权所受到的实际损失或者侵权人因侵权所获得的利益确定;权利人的损失或者侵权人获得的利益难以确定的,参照该专利许可使用费的倍数合理确定。对故意侵犯专利权,情节严重的,可以在按照上述方法确定数额的 1 倍以上 5 倍以下确定赔偿数额。

权利人的损失、侵权人获得的利益和专利许可使用费均难以确定的,人民法院可以根据专利权的类型、侵权行为的性质和情节等因素,确定给予3万元以上500万元以下的赔偿。

赔偿数额还应当包括权利人为制止侵权行为所支付的合理开支。

人民法院为确定赔偿数额,在权利人已经尽力举证,而与侵权行为相关的账簿、资料主要由侵权人掌握的情况下,可以责令侵权人提供与侵权行为相关的账簿、资料;侵权人不提供或者提供虚假的账簿、资料的,人民法院可以参考权利人的主张和提供的证据判定赔偿数额。

16 / 专利实施许可合同中的哪些事项可以作为侵权赔偿数额进行调解的参照?

根据《专利实施许可合同备案办法》(第62号)第19条的规定,经备案的专利实施许可合同的种类、期限、许可使用费计算方法或者数额等,可以作为管理专利工作的部门对侵权赔偿数额进行调解的参照。

第三章　商标权

一、概述

1 / 什么是商标?

商标是用以区分同类商品或者服务来源的标志,包括文字、图形、字母、数字、三维标志、颜色组合和声音等要素以及前述要素的组合。

2 / 商标的类型有哪些?

依据不同的标准,可以对商标进行不同的类型划分。根据商标的使用对象,可以分为商品商标和服务商标;根据商标是否注册,可以分为注册商标和未注册商标;根据商标的使用目的,可以分为联合商标和防御商标;根据商标的构成要素,可以分以下几种类型。

(1)文字商标。文字商标是由文字组成的商标,包括汉字、少数民族文字、数字、外国文字等,但商品的通用名称和法律禁用词语不得作为文字商标使用。

(2)图形商标。图形商标是由图形构成的商标,例如,花草树木、日月星辰、山川河流等。图形商标不受语言和文字的限制,而且外观形象、生动,缺点在于不便于称呼。

(3)字母商标。字母商标是由拼音或注音符号构成的商标,包括汉语拼音字母、外文字母、拉丁字母等。单个字母由于缺乏显著性,一般不能作为商标使用。

（4）数字商标。数字商标是由阿拉伯数字或中文大写数字构成的商标，须由两位以上的数字才可以作为商标使用。

（5）立体商标。立体商标是由产品的长、宽、高三维标志为构成要素的商标，与平面商标不同，立体商标以产品的三维形态出现，也称为三维标志商标。

（6）颜色组合商标。颜色组合商标是由不同颜色为要素构成的商标，独特、新颖的颜色组合不仅给人们一种美感，而且具有显著性，能够起到标识商品或者服务来源的作用。

（7）组合商标。组合商标是由文字、图形、字母、数字、三维标志和颜色组合等要素中的两个或者两个以上要素的组合构成的商标，组合商标综合了文字商标、图形商标、立体商标和颜色组合商标的不同特点，易于识别。

（8）声音商标。声音商标是以音符编成的一组音乐或以某种特殊声音为要素构成的商标，《中华人民共和国商标法》（以下简称我国《商标法》）在2013年修订中增加了声音商标可以申请商标注册的规定。

（9）气味商标。气味商标是以某种特殊气味作为区别商品或服务来源的商标。目前，仅有少数国家允许注册气味商标，在我国，尚不能注册气味商标。

3 / 商标分类表的内容是什么？

尼斯联盟成员国采用《商标注册用商品和服务国际分类》（即尼斯分类）。现行尼斯分类将商品和服务分成45个大类，其中商品为1~34类，服务为35~45类（表3-1）。

表3-1　45类商标分类汇总表

类别	内容	说明
第1类	化工原料	包括用于工业、科学和农业的化学制品，包括用于制造属于其他类别的产品的化学制品
第2类	颜料油漆	包括颜料、染料和防腐制品

续表3-1

类别	内容	说明
第3类	日化用品	包括清洁制剂和不含药物的梳妆用制剂
第4类	燃料油脂	包括工业用油和油脂,燃料和照明材料
第5类	药品制剂	包括药品和其他医用或兽医用制剂
第6类	金属材料	包括未加工及半加工金属,金属矿石,以及某些普通金属制品
第7类	机械设备	包括机器、机床、马达和引擎
第8类	手工器具	包括各种行业的作为工具使用的手动器具
第9类	电子仪器	实验室科研用仪器及器械;领航用电气仪器及器械,如测量和传令仪器及器械;包括录制在磁性媒体上的软件或从远程计算机网络上下载的软件
第10类	医疗器械	包括主要用于诊断、治疗及改善人和动物的功能或健康状态的外科、内科、牙科及兽医用仪器、器械及用品
第11类	灯具空调	空气调节装置;电或非电的暖床器、暖水袋,长柄暖床炉;非医用电热垫和电热毯;电水壶;电烹调用具;电热服装
第12类	运输工具	包括陆地车辆用马达和引擎;陆地车辆用联结器和传动机件;气垫船
第13类	军火烟火	包括火器和花炮产品
第14类	珠宝钟表	包括贵重金属,某些贵重金属制品或镀贵重金属制品,首饰和钟表及其零部件
第15类	乐器乐辅	包括机械钢琴及其附件;八音盒;电动和电子乐器
第16类	办公用品	包括纸,纸板及某些纸和纸板制品,办公用品
第17类	橡胶制品	包括电绝缘、隔热或隔音材料,以及生产用塑料片、板或杆,和由橡胶、古塔胶、树胶、石棉、云母及这些材料的替代品制成的某些制品
第18类	皮革皮具	包括皮革、人造皮革及由其制成的某些制品
第19类	建筑材料	包括非金属建筑材料

续表 3-1

类别	内容	说明
第20类	家具工艺	包括家具及其部件,由木、软木、苇、藤、柳条、角、骨、象牙、鲸骨、贝壳、琥珀、珍珠母、海泡石以及这些材料的代用品或塑料制成的某些制品
第21类	厨房洁具	包括家庭和厨房用小型手动器具,盥洗室用具,玻璃器皿和由瓷、陶瓷、陶土或玻璃制成的某些制品
第22类	绳网袋篷	包括帆布和制帆用其他材料,绳、缆、网、遮篷、帐篷,衬垫和填充材料,纺织用纤维原料
第23类	纱线丝纺	包括纺织用纱、线、毛线
第24类	布料床单	包括织物和家用织物覆盖物
第25类	服装鞋帽	包括服装,鞋,帽
第26类	纽扣拉链	包括缝纫用品,用于佩戴的天然或人造毛发,头发装饰品,以及用于装饰其他物品的、不属别类的小件物品
第27类	地毯席垫	包括铺在已建成的地板和墙壁上的制品
第28类	健身器械	包括玩具和游戏装置,体育设备,娱乐及创意道具,以及某些圣诞树用装饰品
第29类	食品	包括动物类食品,以及日用或贮藏用的蔬菜及其他可食用的园艺产品
第30类	方便食品	包括日用或贮藏用的植物类食品,以及调味佐料
第31类	生鲜农产	包括没有经过任何为了食用目的处理的田地产物和海产品,活动物和植物,以及动物饲料
第32类	啤酒饮料	包括不含酒精的饮料及啤酒
第33类	酒精饮料	含酒精的饮料(啤酒除外)
第34类	烟草烟具	烟草代用品(非医用的)
第35类	广告商业	包括广告;商业经营;商业管理;办公事务
第36类	金融物管	包括金融业务和货币业务提供的服务以及与各种保险契约有关的服务
第37类	建筑修理	包括建造永久性建筑的承包商或分包商所提供的服务,以及由个人或组织为修复建筑物或保持原样而不改变其物理或化学特征的服务

续表 3-1

类别	内容	说明
第 38 类	通信服务	包括至少能使二人之间通过感觉方式进行通信的服务
第 39 类	运输贮藏	包括将人或商品从一处运送到另一处(通过铁路、公路、水上、空中或管道)所提供的服务和与此有关的必要服务,以及货栈或者其他建筑物为便于看管、保存商品所提供贮藏的服务
第 40 类	材料加工	材料处理
第 41 类	教育娱乐	包括由个人或团体提供的人或动物智力开发方面的服务,以及用于娱乐或消遣时的服务
第 42 类	网站服务	包括由个人或集体,提供的涉及复杂领域活动的理论和实践服务;这些服务由诸如化学家、物理学家、工程师、计算机程序员等专业人员提供
第 43 类	餐饮住宿	包括由个人或机构为消费者提供食物和饮料的服务以及为使在宾馆、寄宿处或其他提供临时住宿的机构得到床位和寄宿所提供的服务
第 44 类	医疗园艺	包括由个人或机构向人或动物提供的医疗、卫生和美容服务;还包括与农业、园艺和林业领域相关的服务
第 45 类	社会服务	法律服务;为有形财产和个人提供实体保护的安全服务;由他人提供的为满足个人需要的私人和社会服务

4 / 什么是商标权?

商标权是商标所有人依法对其注册商标享有的专有权利,具有独占性、排他性。我国实行商标权注册取得制度,商标只有经商标局核准注册才能取得商标权,商标权实际上主要是指注册商标专用权。

5 / 负责商标注册和管理的主管部门是哪个部门?

我国《商标法》第 2 条的规定,国务院工商行政管理部门商标局主管全国商标注册和管理的工作。根据国家机构改革方案,国务院工商行政管理部门重新组建了国家市场监督管理局,其相应职能也进行了调整。原国家工商管理总局商标局职能,转入国家知识产权局商标局,负责商标注册与管理。国家知识产权局是国家市场监督管理总局管理的国家局,为副部级。

6 / 什么是商标强制注册?

法律、行政法规规定必须使用注册商标的商品,必须申请商标注册,未经核准注册的,不得在市场销售,此即为商标强制注册。

商品强制注册的商品,主要包括:卷烟、雪茄烟和有包装烟丝的商标注册;国家法律、行政法规规定必须使用注册商标的其他商品的商标注册。

二、商标权的取得

1 / 何谓商标查询?

商标查询是指商标注册申请人亲自或委托商标代理机构在线查询有关商标的申请注册情况,以了解自己准备申请注册的商标是否与他人已经注册或正在申请中的商标相同或近似。申请前的查询,是申请商标注册的重要步骤,其查询结果虽然不具有法律效力,但可以使商标注册申请人对其注册申请的法律后果有一定的预期,减少注册申请的盲目性,降低商标注册风险。商标查询只能查询到已录入数据库的商标资料,因此存在空白期,或者叫盲区。

2 / 如何确定商标注册类别?

(1)确定要注册商标的商品或者服务所属的行业是商品还是服务,1～34类是商品分类,35～45类是服务分类,具体见表3-1。

(2)确定核心类别再选择小类,确定注册商品属性,再筛选商品或者服务的核心类别,每个大类可以选择10个小类,超过10个小类额外支付规费,详见后文表3-4。

③ / 如何取得商标权?

自然人、法人或者其他组织在生产经营活动中,对其商品或者服务需要取得商标专用权的,应当向商标局申请商标注册。不以使用为目的的恶意商标注册申请,应当予以驳回。商标法有关商品商标的规定,适用于服务商标。根据我国商标法的规定,取得商标权主要有两个基本途径。

(1)原始取得。自然人、法人或者非法人组织在生产经营活动中,对其商品或者服务需要取得商标专用权的,应当向商标局申请商标注册。

(2)继受取得。对已经取得商标专用权的注册商标,他人可以与商标注册人签订商标转让协议依法受让取得注册商标专用权。注册商标的转让,转让人和受让人须签订转让协议,并共同向商标局提出申请。

④ / 申请商标注册应到哪里办理申请事宜?

我国《商标法》第2条规定,国务院工商行政管理部门商标局主管全国商标注册和管理的工作。国务院工商行政管理部门设立商标评审委员会,负责处理商标争议事宜。

国务院机构改革,撤销国务院工商行政管理部门,组建新的国家市场监督部门。同时,国家知识产权局成为国家市场监督管理总局管理的副部级国家局。国家知识产权局与国家市场监督管理总局的职责分工。国家知识产权局负责对商标专利执法工作的业务指导,制定并指导实施商标权、专利权确权和侵权判断标准,制定商标专利执法的检验、鉴定和其他相关标准,建立机制,做好政策标准衔接和信息通报等工作。国家市场监督管理总局负责组织指导商标专利执法工作。2018年,原工商行政管理总局商标局改为国家知识产权局商标局。因此,办理商标注册等事宜应到国家知识产权局商标局。

5 / **办理商标注册申请的基本途径有哪些?**

根据我国《商标法》的规定,办理商标注册国内申请人和外国人或者外国企业在中国申请商标注册的途径是有差别的。

国内的申请人申请商标注册或者办理其他商标事宜,有两种途径:①自行办理;②委托在国家知识产权局商标局备案的商标代理机构办理。自行办理的,可以通过网上服务系统在线提交商标注册申请,提交方法详见"中国商标网→网上申请"栏目,商标网上服务系统网址:http://sbj.cnipa.gov.cn/sbj/wssq/;也可以到国家知识产权局商标局注册大厅、商标局驻中关村国家自主创新示范区办事处、商标局在京外设立的商标审查协作中心,或者商标局委托地方市场监管部门或知识产权部门设立的商标业务受理窗口办理。

外国人或者外国企业在中国申请商标注册和办理其他商标事宜的,应当委托依法设立的商标代理机构办理,但在中国有经常居所或者营业所的外国人或外国企业除外。

6 / **目前我国地方市场监管部门或知识产权部门设立的商标受理业务窗口有哪些?**

截至 2022 年 3 月 1 日,国家知识产权局在全国各地设立 5 个商标审查协作中心,见表 3–2。

表 3–2 国家知识产权局 5 个商标审查协作中心

地区	序号	名称	地址
广东	1	广州商标审查协作中心	广东省广州市越秀区流花路 117 号内 12、14 号楼 1 楼
上海	2	上海商标审查协作中心	上海市徐汇区漕宝路 650 号 1 号楼 1 楼
重庆	3	重庆商标审查协作中心	重庆市江北区五简路 9 号

续表 3-2

地区	序号	名称	地址
山东	4	济南商标审查协作中心	山东省济南市市中区历阳大街 6 号
河南	5	郑州商标审查协作中心	河南省郑州市郑东新区永和龙子湖广场 B 座 32 层

截至 2022 年,国家知识产权局在全国各地设立了大量的商标业务受理窗口,见表 3-3:

表 3-3　各地商标业务受理窗口

地区	序号	窗口名称	地址
北京	1	朝阳受理窗口	北京市朝阳区霄云路霄云里 1 号
	2	丰台受理窗口	北京市丰台区南苑路 7 号丰台区政务服务中心
	3	石景山受理窗口	北京市石景山区实兴大街 64 号 1 层大厅
	4	通州受理窗口	北京市通州区新华东街 11 号院 1 号楼 1 层商标受理窗口
	5	顺义受理窗口	北京市顺义区复兴东街 3 号院北京市顺义区政务服务大厅 1 层 B 区
	6	昌平受理窗口	北京市昌平区鼓楼南大街 31 号昌平区市场监督管理局 1 层大厅
	7	大兴受理窗口	北京市大兴区金星路 18 号政务商事税务大厅
	8	怀柔受理窗口	北京市怀柔区雁栖大街 53 号
	9	平谷受理窗口	北京市平谷区林荫北街 13 号信息大厦 2 层
	10	密云受理窗口	北京市密云区新东路 285 号密云区政务服务中心 1 层
	11	延庆受理窗口	北京市延庆区庆园街 60 号政务服务管理局 2 楼
	12	北京经济技术开发区受理窗口	北京经济技术开发区荣华中路 10 号亦城国际中心 1 层北京市知识产权保护中心经开区分中心(知识产权运营服务大厅)

续表 3-3

地区	序号	窗口名称	地址
天津	1	天津滨海新区受理窗口	天津市滨海新区洞庭北路融汇商务园六区 1 号楼
	2	天津和平受理窗口	天津市和平区贵阳路 147 号
	3	天津南开受理窗口	天津市南开区青年路 245 号增 1 号市场监督管理局 416 室
	4	天津北辰受理窗口	天津市北辰区果园南道 5 号(北辰区市场监督管理局内)
	5	天津宝坻受理窗口	天津市宝坻区潮阳大道与开元路交口(宝坻区市场监督管理局 414 室)
	6	天津静海受理窗口	天津市静海经济开发区金海道 1 号政务服务中心
	7	天津自贸区受理窗口	天津市空港经济西三道 166 号天津港保税区管理委员会商事经贸大厅 35 号、36 号窗口
河北	1	石家庄受理窗口	河北省石家庄市南二环西路 8 号石家庄市市场监督管理局(西院)
	2	唐山受理窗口	河北省唐山市路南区市民服务中心 A 区 5 号门 7 号窗口(商标注册)
	3	邯郸受理窗口	河北省邯郸市经济开发区联通南路 8 号 1 楼大厅
	4	正定自贸区受理窗口	河北省石家庄市正定县正定新区综合商务中心 B 区 1037 室
	5	白沟新城受理窗口	河北省保定市白沟新城团结路 186 号
山西	1	太原受理窗口	山西省太原市万柏林区南屯路 1 号太原市为民服务中心 D41 号
	2	大同受理窗口	山西省大同市政务大厅 3 楼
	3	晋中受理窗口	山西省晋中市行政审批服务局政务大厅
	4	长治受理窗口	山西省长治市政务大厅 2 楼 D15 号窗口
	5	运城受理窗口	山西省运城市盐湖区红旗东街 324 号市政务服务中心 3 楼
	6	阳泉受理窗口	山西省阳泉市郊区李荫路 50 号阳泉市行政审批服务管理局政务大厅

续表 3-3

地区	序号	窗口名称	地址
内蒙古	1	呼和浩特受理窗口	内蒙古自治区呼和浩特市赛罕区敕勒川大街 6 号两级政务服务中心 1 楼 E 区
	2	包头受理窗口	内蒙古自治区包头市政务服务大厅（建华南路与纬五路交叉口东南 150 米）
	3	赤峰受理窗口	内蒙古自治区赤峰市松山区临潢大街 25 号赤峰市政务服务中心
	4	乌兰察布受理窗口	内蒙古自治区乌兰察布市集宁区察哈尔东街商务科技文化中心 B1 号楼乌兰察布市政务服务中心 1 楼
	5	鄂尔多斯受理窗口	内蒙古自治区鄂尔多斯市伊金霍洛旗 CBD 兴泰商务广场 T1-T2 裙房政务服务中心 4 楼 E404
辽宁	1	沈阳受理窗口	辽宁省沈阳市沈河区市府大路 260 号
	2	大连受理窗口	辽宁省大连市甘井子区东北北路 101 号公共行政服务中心 B 区
	3	鞍山受理窗口	辽宁省鞍山市铁东区胜利南路 1 号鞍山市市场监督管理局
	4	丹东受理窗口	辽宁省丹东市新城区金河大街 199 号公共行政服务中心
	5	锦州受理窗口	辽宁省锦州市太和区市府路 2 号市公共行政服务中心 1 楼 8 号窗口
	6	营口受理窗口	辽宁省营口市西市区民生路 28 号市民服务中心 2 楼市场局窗口
	7	辽宁朝阳受理窗口	辽宁省朝阳市双塔区新华路二段 2 号辽宁省朝阳市市场监督管理局
	8	盘锦受理窗口	辽宁省盘锦市兴隆台区石油大街 270 号行政服务中心 3 楼
	9	沈抚新区受理窗口	辽宁省沈抚新区滨河路银科大厦 E 座（沈抚新区政务服务中心商标受理窗口）

续表 3-3

地区	序号	窗口名称	地址
辽宁	10	沈阳自贸区受理窗口	辽宁省沈阳市浑南区全运路 109 号沈阳创新天地 H 座 2 层浑南会客厅
	11	大连高新区受理窗口	辽宁省大连高新技术产业园区高新街 1 号行政服务中心
	12	大连金普新区受理窗口	辽宁省大连经济技术开发区辽河东路 9 号
吉林	1	长春受理窗口	吉林省长春市绿园区景阳大路 1199 号
	2	吉林市受理窗口	吉林省吉林市船营区解放西路 16 号（吉林市政务服务中心四楼）吉林市市场监督管理局 1 号窗口
	3	四平受理窗口	吉林省四平市铁西区英雄大街 2177 号四平市政务大厅
	4	通化受理窗口	吉林省通化市东昌区滨江东路 2488 号
	5	延边受理窗口	吉林省延吉市长白山西路 8229 号
	6	辽源受理窗口	吉林省辽源市龙山区龙山大街 130 号辽源市政务大厅
	7	白山受理窗口	吉林省白山市浑江区新华路 159 号白山市市场监督管理局 9 楼
	8	松原受理窗口	吉林省松原市宁江区东镇东路 3518 号松原市政务大厅
黑龙江	1	哈尔滨受理窗口	黑龙江省哈尔滨市南岗区中山路 181 号市民大厦 2 楼
	2	齐齐哈尔受理窗口	黑龙江省齐齐哈尔市建华区新明大街 29 号市政务服务中心商标受理窗口
	3	牡丹江受理窗口	黑龙江省牡丹江市东安区卧龙街 6 号（牡丹江市行政服务中心）
	4	佳木斯受理窗口	黑龙江省佳木斯市政府 8 号楼市政务服务中心 3 楼
	5	大庆受理窗口	黑龙江省大庆市萨尔图区政西街 2 号大庆市行政服务中心

续表 3-3

地区	序号	窗口名称	地址
黑龙江	6	鸡西受理窗口	黑龙江省鸡西市鸡冠区康新路 92 号政务服务大厅 2 楼 D 区 73 号、74 号窗口
	7	七台河受理窗口	黑龙江省七台河市桃山区大同路 45 号七台河市政务审批服务中心 1 楼大厅
	8	鹤岗受理窗口	黑龙江省鹤岗市工农区北红旗路 35 号鹤岗市人民办事中心 4 楼
	9	黑河受理窗口	黑龙江省黑河市行政服务中心商标业务受理窗口（通江路 12 号）
	10	绥化北林受理窗口	黑龙江省绥化市北林区黄河北路 369 号行政审批服务中心 3 楼 24 号窗口
	11	绥芬河受理窗口	黑龙江省绥芬河市黄河路 25 号绥芬河市市场监督管理局
	12	伊春受理窗口	黑龙江省伊春市伊美区林都大街 10 号伊春市政务服务中心
上海	1	黄浦受理窗口	上海市黄浦区巨鹿路 139 号
	2	上海静安受理窗口	上海市静安区江宁路 509 号
	3	徐汇受理窗口	上海市徐汇区南宁路 969 号 1 号楼
	4	上海长宁受理窗口	上海市长宁区金钟路 981 号
	5	杨浦受理窗口	上海市杨浦区怀德路 600 号一楼 2 号 3 号窗口
	6	上海金山受理窗口	上海市金山区亭枫公路 8342 号 4 号楼
	7	上海青浦受理窗口	上海市青浦区青松路 162 号 1 楼
	8	奉贤受理窗口	上海市奉贤区金海公路 6055 号东方美谷 18 号楼 3 楼
	9	上海虹桥国际中央商务区受理窗口	上海市闵行区新虹街道申虹路 33 号 1 楼北侧大厅
江苏	1	南京受理窗口	江苏省南京市浦口区滨江大道 292 号江北新区市民中心二楼民生保障服务大厅 E3 号、E4 号、E5 号窗口
	2	无锡受理窗口	江苏省无锡市梁溪区永和路 28 号 101 室

续表3-3

地区	序号	窗口名称	地址
江苏	3	徐州受理窗口	江苏省徐州经济技术开发区龙湖南路11号科技金融广场附楼5楼
	4	常州受理窗口	江苏省常州市天宁区锦绣路2号常州市政务服务中心1-1号楼,3楼A13号、A14号窗口
	5	南通受理窗口	江苏省南通市濠东路15号
	6	连云港受理窗口	江苏省连云港市海州区郁洲南路2号4楼
	7	淮安受理窗口	江苏省淮安市清江浦区健康西路87号
	8	泰州受理窗口	江苏省泰州市海陵区海陵南路315号
	9	宿迁受理窗口	江苏省宿迁市宿城区洪泽湖路730号
	10	盐城受理窗口	江苏省盐城市亭湖区解放南路138号盐城市知识产权局1楼办事大厅
	11	扬州受理窗口	江苏省扬州市广陵区文昌东路9号扬州市政务服务中心市民中心2号楼1楼D区13号窗口
	12	镇江受理窗口	江苏省镇江市润州区南徐大道商务A区B座1027室
浙江	1	宁波受理窗口	浙江省宁波市鄞州区和济街69号206室
	2	温州受理窗口	浙江省温州市府东路17号(温州市知识产权服务园1楼)
	3	湖州受理窗口	浙江省湖州市青铜路218号湖州市市场监督管理局
	4	嘉兴受理窗口	浙江省嘉兴市南湖区亚太路522号嘉兴市知识产权保护中心
	5	绍兴受理窗口	浙江省绍兴市越城区凤林西路216号绍兴市市场监管局1213室
	6	金华受理窗口	浙江省金华市婺城区双龙南街858号财富大厦3楼行政服务中心市场监督管理局窗口
	7	衢州受理窗口	浙江省衢州市柯城区花园东大道169号市行政服务中心1楼大厅A22号窗口

续表 3-3

地区	序号	窗口名称	地址
浙江	8	舟山受理窗口	浙江省舟山市新城翁山路 555 号市行政审批办证中心 A 区 11 号舟山商标受理窗口
	9	台州受理窗口	浙江省台州市开发大道东段 788 号
	10	丽水受理窗口	浙江省丽水市丽阳街 689 号
	11	杭州高新区（滨江）受理窗口	浙江省杭州市滨江区丹枫路 399 号知识产权大厦 2 楼商标受理窗口
	12	义乌受理窗口	浙江省义乌市银海路 399 号国际贸易服务中心 2 楼义乌市知识产权维权中心
安徽	1	合肥受理窗口	安徽省合肥市东流路 100 号政务中心 3 区办事大厅
	2	淮北受理窗口	安徽省淮北市人民路 197 号淮北市政务服务中心市场监管 B 区
	3	宿州受理窗口	安徽省宿州市埇桥区埇上路与北二环路交叉口北 200 米（宿州市规划馆北侧）
	4	蚌埠受理窗口	安徽省蚌埠市高新区 1599 号政务服务中心 2 楼
	5	阜阳受理窗口	安徽省阜阳市颍州区三清路 666 号市民中心
	6	淮南受理窗口	安徽省淮南市田家庵区和风大街 88 号新政务中心 G 座 2 楼
	7	滁州受理窗口	安徽省滁州市龙蟠大道 99 号政务服务中心 1 楼市监局窗口
	8	六安受理窗口	安徽省六安市梅山南路与佛子岭路交叉口市政务服务中心 1 楼
	9	马鞍山受理窗口	安徽省马鞍山市政府政务服务中心（马鞍山市印山东路 2009 号汇通大厦）
	10	芜湖受理窗口	安徽省芜湖市政务服务中心 6 楼（芜湖市鸠江区瑞祥路 88 号皖江财富广场 C1 座 6 楼）
	11	宣城受理窗口	安徽省宣城市梅园路 52 号政务服务中心
	12	铜陵受理窗口	安徽省铜陵市铜官区湖东路 666 号市政务服务中心 1 楼

续表 3-3

地区	序号	窗口名称	地址
安徽	13	安庆受理窗口	安徽省安庆市宜秀区顺安路与振风大道交叉口东北侧政务服务中心 1 楼
	14	黄山受理窗口	安徽省黄山市屯溪区滨江东路 8 号政务服务中心
福建	1	福州受理窗口	福建省福州市鼓楼区温泉公园路 69 号福州市行政服务中心 1 层市场监管局窗口
	2	漳州受理窗口	福建省漳州市芗城区新华南路 86 号行政服务中心 2 楼
	3	泉州受理窗口	福建省泉州市丰泽区东海街道海星街 100 号东海大厦 A 栋 1 楼 2 号窗口
	4	南平受理窗口	福建省南平市武夷新区南林片区行政服务中心大楼 4 楼 1 区 4102（闽北卫校旁）
	5	龙岩受理窗口	福建省龙岩市新罗区华莲路 138 号金融中心 B3 栋 2 楼 2 区市场监督局窗口
	6	平潭综合实验区受理窗口	福建省福州市平潭县金井湾大道行政服务中心 62 号窗口
	7	福州自贸区受理窗口	福建省福州市马尾区快安湖里路 27 号自贸区管委会
江西	1	赣州受理窗口	江西省赣州经济技术开发区华坚路 29 号管委会企业综合服务中心东楼
	2	宜春受理窗口	江西省宜春市宜阳新区管理委员会宜阳大厦中座 1 楼
	3	上饶受理窗口	江西省上饶市信州区锦绣路 2 号上饶市行政服务中心 2 楼市场准入窗口
	4	瑞昌受理窗口	江西省瑞昌市行政服务中心 3 楼
	5	鹰潭受理窗口	江西省鹰潭市月湖区湖西路 50 号鹰潭市行政服务中心 1 楼大厅

续表 3-3

地区	序号	窗口名称	地址
山东	1	济南受理窗口	山东省济南市历下区龙奥北路 1311 号 8F04-2
	2	青岛受理窗口	山东省青岛市市南区福州南路 17 号,27 号(青岛市民中心)4 楼
	3	东营受理窗口	山东省东营市东城辽河路 118 号
	4	济宁受理窗口	山东省济宁市太白湖新区圣贤路为民服务中心
	5	泰安受理窗口	山东省泰安市泰山大街 337 号泰安政务服务中心(泰山国际会展中心)
	6	临沂受理窗口	山东省临沂市北城新区北京路 8 号政务服务中心 3 楼
	7	青岛西海岸新区受理窗口	山东省青岛市黄岛区长江中路 469 号 12 楼(青岛西海岸新区人工智能大厦)
	8	淄博受理窗口	山东省淄博市张店区西四路 119 号
	9	烟台受理窗口	山东省烟台市莱山区山海路 117 号内 1 号烟台总部经济基地
	10	潍坊受理窗口	山东省潍坊市寒亭区总部基地东区 5 号楼 7 楼
	11	德州受理窗口	山东省德州经济技术开发区东方红东路 6596 号德州中元科技创新创业园 A 座 3 楼
	12	菏泽受理窗口	山东省菏泽市牡丹区黄河东路 3443 号菏泽市行政审批服务局
	13	滨州受理窗口	山东省滨州市开发区长江五路 777 号滨州渤海先进技术研究院检验检测中心 1 楼大厅
河南	1	郑州受理窗口	河南省郑州市大学北路 16 号郑州市工商行政管理局行政审批大厅
	2	开封受理窗口	河南省开封市郑开大道三大街交汇处开封市民之家 2 楼 B 区 21 号窗口
	3	洛阳受理窗口	河南省洛阳市洛龙区开元大道洛阳市市民之家 5 楼 D13 号窗口

续表3-3

地区	序号	窗口名称	地址
河南	4	安阳受理窗口	河南省安阳市文峰区文峰大道东段市民之家西厅一楼13号、14号窗口
	5	漯河受理窗口	河南省漯河市黄山路229号行政服务中心2楼
	6	三门峡受理窗口	河南省三门峡市湖滨区崤山西路20号工商行政管理局1楼办事大厅
	7	南阳受理窗口	河南省南阳市南都路与汉冶路交叉口南阳市行政审批服务中心
	8	信阳受理窗口	河南省信阳市羊山新区新七大道行政审批中心2楼
	9	驻马店受理窗口	河南省驻马店市开源大道天中广场市民中心3楼办事大厅
湖北	1	武汉受理窗口	湖北省武汉市江汉区青年路267号
	2	襄阳受理窗口	湖北省襄阳市市民服务中心1楼（襄阳市樊城区紫贞公园路1号）
	3	宜昌受理窗口	湖北省宜昌市高新区城东大道2号市政务服务中心4楼
	4	黄石受理窗口	湖北省黄石市西塞山区颐阳路167号黄石市市场监督管理局
	5	十堰受理窗口	湖北省十堰市北京中路82号—A市民服务中心商标受理窗口
	6	荆州受理窗口	湖北省荆州市沙市区北京西路440号荆州市政务服务中心四楼市场监督管理局窗口
	7	荆门受理窗口	湖北省荆门市东宝区象山大道24号
	8	鄂州受理窗口	湖北省鄂州市古城路129号市民中心
	9	孝感受理窗口	湖北省孝感市市民之家2楼东1区12号窗口
	10	黄冈受理窗口	湖北省黄冈市路口镇永安路特1号黄冈市政务服务中心2楼
	11	咸宁受理窗口	湖北省咸宁市咸安区双鹤路18号

续表 3-3

地区	序号	窗口名称	地址
湖北	12	随州受理窗口	湖北省随州市曾都区迎宾大道 58 号随州市市场监督管理局 606 室
	13	恩施州受理窗口	湖北省恩施州恩施市金桂大道 98 号恩施市民之家 3 楼
	14	仙桃受理窗口	湖北省仙桃市沔州大道特 1 号
	15	天门受理窗口	湖北省天门市陆羽大道西 21 号市场监督管理局知识产权保护科 809 室
	16	潜江受理窗口	湖北省潜江市园林办事处章华南路 28 号政务服务中心 1 楼
	17	神农架受理窗口	湖北省神农架林区松柏镇常青路 52 号
	18	武汉自贸区受理窗口	湖北省武汉市高新大道 777 号光谷公共服务中心 1 号楼 2 楼 D 区
	19	襄阳自贸区受理窗口	湖北省襄阳市高新区无锡路高新政务服务中心
	20	宜昌自贸区受理窗口	湖北省宜昌高新区发展大道 55 号
湖南	1	长沙受理窗口	湖南省长沙市天心区雀园路 568 号广告产业园 1 栋 2 层
	2	衡阳受理窗口	湖南省衡阳市蒸湘区西环路 13 号衡阳市政务中心 2 楼 D 区
	3	株洲受理窗口	湖南省株洲市天元区神农大道 399 号（株洲市民中心）2 楼 D 区 2020 号商标受理窗口
	4	湘潭受理窗口	湖南省湘潭市岳塘区宝塔街道湖湘西路 1 号市政务服务中心
	5	邵阳受理窗口	湖南省邵阳市北塔区龙山路邵阳市市场监督管理局
	6	岳阳受理窗口	湖南省岳阳市岳阳楼区东茅岭路 347 号政务服务中心大厅 1 楼 19 号窗口
	7	常德受理窗口	湖南省常德市朗州北路市民之家 1 楼 D 区
	8	张家界受理窗口	湖南省张家界市永定区永定大道市政务中心大楼 3 楼

续表 3-3

地区	序号	窗口名称	地址
湖南	9	益阳受理窗口	湖南省益阳市金山南路 696 号益阳市行政审批服务局 3 楼
	10	郴州受理窗口	湖南省郴州市苏仙区白露塘镇高新区管委会高科大楼 1 楼
	11	永州受理窗口	湖南省永州市冷水滩区永州大道与迎宾大道交会处东北角（永州机场路口）永州市政务服务中心 2 楼 A 区
	12	怀化受理窗口	湖南省怀化市经开区舞阳大道与龙泉湖路交会处湖南怀化文化广告创意产业园 B 区 12 栋
	13	娄底受理窗口	湖南省娄底市娄星区湘中大道环府路勤政街 36 号市政务服务中心
	14	湘西受理窗口	湖南省湘西高新区吉凤街道高新区管委会 2 楼州知识产权受理事务中心
广东	1	深圳受理窗口	广东省深圳市福田区福中三路市民中心 B 区 11-14 号窗口
	2	佛山受理窗口	广东省佛山市禅城区季华西路 131 号 2 号楼 B4 栋 1 楼
	3	东莞受理窗口	广东省东莞市南城街道鸿福路 199 号市民服务中心综合服务 1 区 D34 号窗口
	4	中山受理窗口	广东省中山市博爱六路 22 号博览中心中山市行政服务中心 B14 号、B15 号窗口
	5	江门受理窗口	广东省江门市蓬江区堤西路 88 号
	6	肇庆受理窗口	广东省肇庆市端州区信安四路 8 号肇庆市行政服务中心 G04 号窗口
	7	广州南沙受理窗口	广东省广州市南沙区黄阁镇凯翔路 3 号市场监管服务大楼 1 楼 105 室
	8	深圳前海受理窗口	广东省深圳市前海深港合作区前湾一路 19 号 e 站通服务中心大厅

续表 3-3

地区	序号	窗口名称	地址
广东	9	珠海横琴受理窗口	广东省珠海市横琴新区宝兴路 189 号综合服务中心
	10	韶关受理窗口	广东省韶关市武江区百旺路西联镇芙蓉园韶关市行政服务中心
	11	惠州受理窗口	广东省惠州市惠城区三新北路 31 号惠州市市民服务中心 1 号楼
	12	汕尾受理窗口	广东省汕尾市城区东涌镇品清村委会红海大道与汕可路交接处东北角汕尾市民服务广场
	13	阳江受理窗口	广东省阳江市江城区农科路 22 号阳江市五金刀剪产业知识产权快速维权中心
	14	清远受理窗口	广东省清远市新城人民二路 7 号市政务服务中心 1 楼
广西	1	南宁受理窗口	广西壮族自治区南宁市高新区滨河路 28 号南宁广告产业园 1 楼
	2	柳州受理窗口	广西壮族自治区柳州市城中区潭中东路 1 号
	3	桂林受理窗口	广西壮族自治区桂林市政务服务中心 D64 号窗口
	4	梧州受理窗口	广西壮族自治区梧州市长洲区三龙大道 99 号红岭大厦 3 楼 5 号窗口
	5	北海受理窗口	广西壮族自治区北海市靖安路 1 号
	6	防城港受理窗口	广西壮族自治区防城港市港口区北部湾大道 148 号防城港市市场监督管理局 1 楼 101 号房
	7	钦州受理窗口	广西壮族自治区钦州市金海湾东大街 8 号政务中心
	8	贵港受理窗口	广西壮族自治区贵港市荷城路 969 号院万豪景苑 2 楼市政务服务中心 9 号窗口
	9	玉林受理窗口	广西壮族自治区玉林市双拥路 41 号玉林市市场监督管理局商标科

续表 3-3

地区	序号	窗口名称	地址
广西	10	百色受理窗口	广西壮族自治区百色市右江区进站路 7 号百色市市场监管局 1 楼大厅
	11	贺州受理窗口	广西壮族自治区贺州市太白西路 161 号（贺州市市民服务中心）3 楼 A 区市场监管服务区
	12	河池受理窗口	广西壮族自治区河池市金城西路 21 号河池市市场监管局 501 室
	13	来宾受理窗口	广西壮族自治区来宾市红水河大道 331 号市政务服务中心 1 楼 16 号窗口
	14	崇左受理窗口	广西壮族自治区崇左市江州区石景林街道飞凤路 6 号崇左市市场监督管理局 1 楼
海南	1	海南受理窗口	海南省海口市美兰区青年路 8 号省知识产权局 4 楼 408 室
	2	海口受理窗口	海南省海口市龙华区滨海公园路 1 号海口市政府服务中心南 1 楼第一受理大厅海口市市场监督管理局受理窗口
	3	三亚受理窗口	海南省三亚市吉阳区新风街 259 号人民政府政务服务中心 1 楼 29、30 号窗口
	4	儋州受理窗口	海南省儋州市那大镇怡心花园 D18 栋政务服务中心
	5	琼海受理窗口	海南省琼海市嘉积镇兴海北路质检大楼一楼登记大厅
重庆	1	重庆江北受理窗口	重庆市江北区金港新区 16 号 1232 办公室
四川	1	成都受理窗口	四川省成都市天府新区天府大道南段 1632 号政务服务中心
	2	泸州受理窗口	四川省泸州市龙马潭区临港大道 2 段 10 号 1 栋 2 楼
	3	德阳受理窗口	四川省德阳市松花江北路 8 号政务中心 4 楼

续表3-3

地区	序号	窗口名称	地址
四川	4	南充受理窗口	四川省南充市顺庆区涪江路19号政务服务中心2楼
	5	达州受理窗口	四川省达州市通川区凤西街道白庙社区龙马大道与玉泉街交界处号达州市政务服务中心2楼C区115-116号窗口
	6	雅安受理窗口	四川省雅安市雨城区雅州大道456号市政务服务和大数据局
	7	青白江自贸区受理窗口	四川省成都市青白江区香岛大道8号现代物流大厦B区四川自贸试验区青白江片区政务服务中心2楼
四川	8	绵阳受理窗口	四川省绵阳科创区创新中心2期4号楼1楼大厅
	9	巴中受理窗口	四川省巴中市巴州区兴文经开区通州大道红星路70号巴中市政务服务和公共资源交易服务中心
	10	宜宾受理窗口	四川省宜宾市三江新区洗马池6号楼
	11	广安受理窗口	四川省广安市广安区会展街9号2楼
	12	眉山受理窗口	四川省眉山市东坡区苏源路400号眉山市市民服务中心
贵州	1	贵阳受理窗口	贵州省贵阳市观山湖区林城东路市级行政中心服务大厅
	2	遵义受理窗口	贵州省遵义市汇川区珠海路12号遵义市市场监督管理局遵义商标受理窗口
	3	六盘水受理窗口	贵州省六盘水市钟山区明湖路428号六盘水市人民政府政务服务大厅
	4	安顺受理窗口	贵州省安顺市西秀区黄果树大街50号(安顺市政务服务大厅)
	5	毕节受理窗口	贵州省毕节市七星关区文博路88号毕节市人民政府政务服务中心25-29号窗口

续表 3-3

地区	序号	窗口名称	地址
贵州	6	铜仁受理窗口	贵州省铜仁市东太大道新华北路 124 号附 88 号
	7	黔东南受理窗口	贵州省凯里市凯开大道畅达国际广场市民之家 3 楼 B 区州市场监管局
	8	黔南受理窗口	贵州省黔南州都匀市民族路 35 号黔南州政务大厅
	9	黔西南受理窗口	贵州省黔西南州兴义市桔山街道办桔乡路 3 号黔西南州人民政府政务大厅 1 楼 A 区 4 号窗口
云南	1	昆明受理窗口	云南省昆明市学府路 690 号昆明国家广告产业园 18 号平台 A 座 1 楼 107 室
	2	昭通受理窗口	云南省昭通市昭阳区太平街道办事处锁营 285 号"市民之家"大厅 1 楼
	3	曲靖受理窗口	云南省曲靖市三江大道曲靖市市场监督管理局第二办公区
	4	玉溪受理窗口	云南省玉溪市红塔区迎春街 34 号玉溪市市场监督管理局第二办公区玉溪商标受理窗口
	5	保山受理窗口	云南省保山市隆阳区兰城路永昌传媒中心 2 号楼 A 座 3 楼 A 区保山市场监督管理局窗口
	6	普洱受理窗口	云南省普洱市思茅区石龙路 5 号普洱市政务服务中心市市场监督管理局窗口
	7	德宏州受理窗口	云南省德宏州芒市文蚌街 15-1 号中缅友谊馆 1 楼德宏州政务服务中心 A1 区
	8	临沧受理窗口	云南省临沧市临翔区沧江北路 1 号政务服务中心 1 楼大厅（临沧市市场监督管理局窗口）
	9	大理州受理窗口	云南省大理白族自治州大理市下关镇万花路大理州政务服务中心 2 楼大理州市场监督管理局工作窗口

续表3-3

地区	序号	窗口名称	地址
陕西	1	宝鸡受理窗口	陕西省宝鸡市渭滨区西凤路1号大院东楼1楼大厅
	2	榆林受理窗口	陕西省榆林市榆阳区市民大厦3楼
	3	汉中受理窗口	陕西省汉中市汉台区天台路(中段)350号汉中商标受理窗口
	4	杨凌示范区受理窗口	陕西省杨凌示范区新桥北路6号政务大厦1层政务服务中心
	5	西咸新区受理窗口	陕西省西咸新区上林路西咸大厦西咸新区政务服务大厅1楼
	6	渭南华州受理窗口	陕西省渭南市华州区子仪路东市场监管局2楼207室
	7	紫阳受理窗口	陕西省安康市紫阳县政务中心
	8	西安受理窗口	陕西省西安市锦业路都市之门高新区政务服务大厅2楼57号窗口
	9	铜川受理窗口	陕西省铜川市新区正阳路19号铜川市市场监督管理局办公楼101室
	10	渭南受理窗口	陕西省渭南市东风大街7号3楼(渭南市食品药品和知识产权服务中心)
甘肃	1	兰州受理窗口	甘肃省兰州市城关区庆阳路155号兰州市政务大厅1楼市场监管局窗口
	2	嘉峪关受理窗口	甘肃省嘉峪关市新华南路1429号
	3	金昌受理窗口	甘肃省金昌市金川区新华西路10号金昌市市场监督管理局1号楼208室
	4	酒泉受理窗口	甘肃省酒泉市肃州区富康路12号酒泉市市场监督管理局
	5	张掖受理窗口	甘肃省张掖市甘州区滨河新区昭武西路14号市场监督管理局
	6	武威受理窗口	甘肃省武威市凉州区北大街11号
	7	白银受理窗口	甘肃省白银市白银区南环路3号高科技产业园创业大厦市政府政务大厅3楼4号窗口

续表 3-3

地区	序号	窗口名称	地址
甘肃	8	天水受理窗口	甘肃省天水市秦州区春风路行政中心 1 号楼 1 楼
	9	平凉受理窗口	甘肃省平凉市崆峒区鸿远大厦 4 楼 401 窗口
	10	庆阳受理窗口	甘肃省庆阳市交警大厦 511 室
	11	定西受理窗口	甘肃省定西市安定区安定路 1 号政务服务大厅 1 楼
	12	陇南受理窗口	甘肃省陇南市武都区东江镇市政务服务中心 1 楼
	13	甘南受理窗口	甘肃省甘南州合作市当周街甘南州人民政府政务服务中心商事登记区甘南商标受理窗口
	14	临夏受理窗口	甘肃省临夏州临夏市红园路彩陶馆安置楼州政府政务中心
	15	兰州新区受理窗口	甘肃省兰州新区中川商务中心 3 号楼政务服务中心 2 楼商事登记综合服务大厅
宁夏	1	吴忠受理窗口	宁夏回族自治区吴忠市利通区开元大道 266 号
新疆	1	乌鲁木齐受理窗口	新疆维吾尔自治区乌鲁木齐高新区（新市区）四平路 2288 号政务服务中心
	2	巴音郭楞受理窗口	新疆维吾尔自治区巴音郭楞蒙古自治州库尔勒市延安路州市行政服务中心
	3	喀什地区受理窗口	新疆维吾尔自治区喀什市天南路 16 号科技文化广场行政服务中心 180 号窗口
	4	霍尔果斯受理窗口	新疆维吾尔自治区伊犁州霍尔果斯市兰新路 17 号行政服务中心
	5	塔城地区受理窗口	新疆维吾尔自治区塔城地区塔城市迎宾路地（市）行政服务中心
	6	哈密受理窗口	新疆维吾尔自治区哈密市伊州区融合路 2 号哈密市政务服务和公共资源交易中心
	7	阿克苏地区受理窗口	新疆维吾尔自治区阿克苏市北京路 25 号创业大厦 A 座阿克苏地区政务服务和公共资源交易中心 3 楼市场监督管理局窗口

注：本表各项窗口名称采用简称。全称为国家知识产权局商标业务+简称。

另外,根据《国家知识产权局关于规范地方专利商标业务窗口名称 稳步推进知识产权业务"一窗通办"的通知》(国知发运字〔2020〕36 号)的要求,我国还设立了综合业务窗口,可以办理商标注册申请等事宜。详见第二章"三、专利申请和审查"第 4 题"申请专利必须到住所地在北京的国家知识产权局吗?"

这些商标审查协作中心和受理窗口的主要业务包括:①商标注册;②撤回商标注册申请;③出具优先权证明文件申请;④商标续展注册申请;⑤撤回商标续展注册申请;⑥变更商标申请人/注册人名义/地址、变更集体商标/证明商标管理规则/集体成员名单申请;⑦撤回变更商标申请人/注册人名义/地址、变更集体商标/证明商标管理规则/集体成员名单申请;⑧变更商标代理人/文件接收人申请;⑨撤回变更商标代理人/文件接收人申请;⑩删减商品/服务项目申请;⑪撤回删减商品/服务项目申请;⑫转让/移转申请/注册商标申请;⑬撤回转让/移转申请/注册商标申请;⑭商标使用许可备案;⑮变更许可人/被许可人名称备案;⑯商标使用许可提前终止备案;⑰撤回商标使用许可备案;⑱商标注销申请;⑲撤回商标注销申请;⑳补发变更/转让/续展证明申请;㉑补发商标注册证申请;㉒马德里国际商标出具商标注册证明申请;㉓更正商标申请/注册事项申请;㉔马德里商标国际注册申请。多数审协中心和受理窗口还办理质权登记。

7 / 何谓商标审查?

商标审查是商标局对商标注册申请是否符合商标法的规定进行审查、检索、分析对比,并决定能否核准注册等一系列活动,在程序上分为两个阶段,即形式审查和实质审查,详见图 3-1。

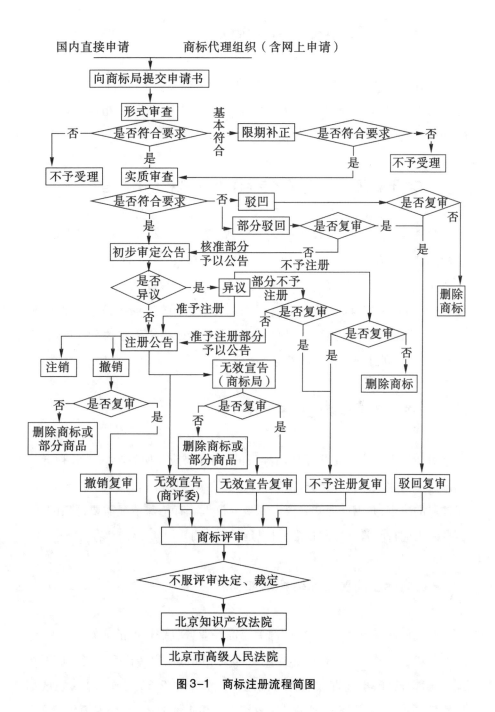

图 3-1　商标注册流程简图

8 / 哪些商标注册申请会被驳回？

申请注册的商标，凡不符合我国《商标法》有关规定或者同他人在同一种商品或者类似商品上已经注册的或者初步审定的商标相同或者近似的，由商标局驳回申请，不予公告。

9 / 对于驳回申请、不予公告商标的处理程序有哪些？

对驳回申请、不予公告的商标，商标局应当书面通知商标注册申请人。商标注册申请人不服的，可以自收到通知之日起 15 日内向商标评审委员会申请复审。商标评审委员会应当自收到申请之日起 9 个月内作出决定，并书面通知申请人。有特殊情况需要延长的，经国务院工商行政管理部门批准，可以延长 3 个月。当事人对商标评审委员会的决定不服的，可以自收到通知之日起 30 日内向人民法院起诉。

10 / 关于商标异议的程序是什么？

对初步审定公告的商标提出异议的，商标局应当听取异议人和被异议人陈述事实和理由，经调查核实后，自公告期满之日起 12 个月内作出是否准予注册的决定，并书面通知异议人和被异议人。有特殊情况需要延长的，经国务院工商行政管理部门批准，可以延长 6 个月。

11 / 商标注册费用缴纳标准如何？

收费依据：《国家计委、财政部关于商标业务收费标准的通知》（〔1995〕2404 号文件），《国家发展改革委 财政部关于降低住房转让手续受理商标注册费等部分行政事业性收费标准的通知》（〔2015〕2136 号文件），《财政部 国家发展改革委关于清理规范一批行政事业性收费有关政策的通知》（〔2017〕20 号文件），《国家发展改革委 财政部关于降低部分行政事业性收费标准的通知》（〔2019〕914号文件）。收费标准见表3-4。

表3-4　商标规费价格表

序号	收费项目	纸质申请收费标准（按类别）	接受电子发文的网上申请收费标准（按类别）
1	受理商标注册费	300元（限定本类商品10个。10个以上，每超1个加收30元）	270元（限定本类商品10个。10个以上，每超1个加收27元）
2	补发商标注册证费	500元	450元
3	受理转让注册商标费	500元	450元
4	受理商标续展注册费	500元	450元
5	受理续展注册迟延费	250元	225元
6	受理商标评审费	750元	675元（待开通）
7	变更费	150元	0元
8	出具商标证明费	50元	45元
9	受理集体商标注册费	1500元	1350元
10	受理证明商标注册费	1500元	1350元
11	商标异议费	500元	450元（待开通）
12	撤销商标费	500元	450元（待开通）
13	商标使用许可合同备案费	150元	135元

三、商标的运用

 商标使用的含义是什么？

　　商标的使用是指将商标用于商品、商品包装或者容器以及商品交易文书上，或者将商标用于广告宣传、展览以及其他商业活动中，用于识别商品来源的行为。

2 / **转让注册商标需要经过哪些程序？**

转让注册商标的，转让人和受让人应当签订转让协议，并共同向商标局提出申请。受让人应当保证使用该注册商标的商品质量。

转让注册商标的，商标注册人对其在同一种商品上注册的近似的商标，或者在类似商品上注册的相同或者近似的商标，应当一并转让。

对容易导致混淆或者有其他不良影响的转让，商标局不予核准，书面通知申请人并说明理由。

转让注册商标经核准后，予以公告。受让人自公告之日起享有商标专用权。

3 / **注册商标的许可程序是什么？对许可人和被许可人有哪些要求？**

商标注册人可以通过签订商标使用许可合同，许可他人使用其注册商标。许可人应当监督被许可人使用其注册商标的商品质量。被许可人应当保证使用该注册商标的商品质量。

经许可使用他人注册商标的，必须在使用该注册商标的商品上标明被许可人的名称和商品产地。

许可他人使用其注册商标的，许可人应当将其商标使用许可报商标局备案，由商标局公告。商标使用许可未经备案不得对抗善意第三人。

4 / **办理商标权质押登记须提交哪些文件？**

根据《注册商标专用权质押登记程序规定》第 4 条的规定，申请注册商标专用权质权登记的，应提交下列文件：

（1）申请人签字或者盖章的《商标专用权质权登记申请书》。

（2）主合同和注册商标专用权质权合同。

（3）申请人签署的承诺书。

（4）委托商标代理机构办理的，还应当提交商标代理委托书。

上述文件为外文的，应当同时提交其中文译文。中文译文应当由翻译单位和翻译人员签字盖章确认。

5 / 商标质押何时生效？

根据《注册商标专用权质押登记程序规定》第 6 条的规定，申请登记书件齐备、符合规定的，国家知识产权局予以受理并登记。质权自登记之日起设立。国家知识产权局自登记之日起两个工作日内向双方当事人发放商标专用权质权登记证。

6 / 办理商标权质押登记注销需提交哪些文件？

根据《注册商标专用权质押登记程序规定》第 13 条的规定，注册商标专用权质权登记需要注销的，质权人和出质人双方可以持下列文件办理注销申请：

（1）申请人签字或者盖章的《商标专用权质权登记注销申请书》；

（2）申请人签署的相关承诺书；

（3）委托商标代理机构办理的，还应当提交商标代理委托书。

注销登记的，国家知识产权局应当在 2 个工作日内通知当事人。

质权登记期限届满后，该质权登记自动失效。

四、商标的管理

1 / 注册商标的有效期为多久？

注册商标的有效期为 10 年，自核准注册之日起计算。

2 / 有效期满后如何进行续展注册？续展注册的有效期为多久？

注册商标有效期满，需要继续使用的，商标注册人应当在期满前12个月内按照规定办理续展手续；在此期间未能办理的，可以给予6个月的宽展期。每次续展注册的有效期为10年，自该商标上一届有效期满次日起计算。期满未办理续展手续的，注销其注册商标。商标局应当对续展注册的商标予以公告。

3 / 注册商标撤销的事由有哪些？

商标注册人在使用注册商标的过程中，自行改变注册商标、注册人名义、地址或者其他注册事项的，由地方工商行政管理部门责令限期改正；期满不改正的，由商标局撤销其注册商标。

注册商标成为其核定使用的商品的通用名称或者没有正当理由连续3年不使用的，任何单位或者个人可以向商标局申请撤销该注册商标。商标局应当自收到申请之日起9个月内作出决定。有特殊情况需要延长的，经国务院工商行政管理部门批准，可以延长3个月。

4 / 撤销注册商标的程序是什么？

有我国《商标法》第49条第1款规定的事由，由商标局依职权撤销。

有我国《商标法》第49条第2款规定的注册商标成为其核定使用的商品通用名称情形的，任何单位或者个人可以向商标局申请撤销该注册商标，提交申请时应当附送证据材料。商标局受理后应当通知商标注册人，限其自收到通知之日起2个月内答辩；期满未答辩的，不影响商标局作出决定。

有我国《商标法》第49条第2款规定的注册商标无正当理由连续3年不使用情形的，任何单位或者个人可以向商标局申请撤销该注册商标，提交申请时应当说明有关情况。商标局受理后应当通知商标注册人，限其自收到通知之日起 2 个月内提交该商标在撤销申请提出前使用的证据材料或者说明不使用的正当理由；期满未提供使用的证据材料或者证据材料无效并没有正当理由的，由商标局撤销其注册商标。此处所称使用的证据材料，包括商标注册人使用注册商标的证据材料和商标注册人许可他人使用注册商标的证据材料。以无正当理由连续 3 年不使用为由申请撤销注册商标的，应当自该注册商标注册公告之日起满 3 年后提出申请。

商标局、商标评审委员会撤销注册商标或者宣告注册商标无效，撤销或者宣告无效的理由仅及于部分指定商品的，对在该部分指定商品上使用的商标注册予以撤销或者宣告无效。

注册商标被撤销或者依照《中华人民共和国商标法实施条例》第 73 条的规定被注销的，原商标注册证作废，并予以公告；撤销该商标在部分指定商品上的注册的，或者商标注册人申请注销其商标在部分指定商品上的注册的，重新核发商标注册证，并予以公告。

5 / 商标局撤销或者不予撤销注册商标的决定，当事人可选哪些救济渠道？

对商标局撤销或者不予撤销注册商标的决定，当事人不服的，可以自收到通知之日起 15 日内向商标评审委员会申请复审。商标评审委员会应当自收到申请之日起 9 个月内作出决定，并书面通知当事人。有特殊情况需要延长的，经国务院工商行政管理部门批准，可以延长 3 个月。当事人对商标评审委员会的决定不服的，可以自收到通知之日起 30 日内向人民法院起诉。

法定期限届满，当事人对商标局作出的撤销注册商标的决定不申请复审或者对商标评审委员会作出的复审决定不向人民法院起诉的，撤销注册商标的决定、复审决定生效。

被撤销的注册商标，由商标局予以公告，该注册商标专用权自公告之日起终止。

6 / 注册商标被宣告无效的情形有哪些？

已经注册的商标，违反我国《商标法》第 4 条、第 10 条、第 11 条、第 12

条、第 19 条第 4 款规定的,或者是以欺骗手段或者其他不正当手段取得注册的,由商标局宣告该注册商标无效;其他单位或者个人可以请求商标评审委员会宣告该注册商标无效。

已经注册的商标,违反我国《商标法》第 13 条第 2 款和第 3 款、第 15 条、第 16 条第 1 款、第 30 条、第 31 条、第 32 条的规定的,自商标注册之日起 5 年内,在先权利人或者利害关系人可以请求商标评审委员会宣告该注册商标无效。对恶意注册的,驰名商标所有人不受 5 年的时间限制。

7 / 注册商标被宣告无效的法律后果有哪些?

依照我国《商标法》第 44 条、第 45 条的规定宣告无效的注册商标,由商标局予以公告,该注册商标专用权视为自始即不存在。

宣告注册商标无效的决定或者裁定,对宣告无效前人民法院作出并已执行的商标侵权案件的判决、裁定、调解书和工商行政管理部门作出并已执行的商标侵权案件的处理决定以及已经履行的商标转让或者使用许可合同不具有追溯力。但是,因商标注册人的恶意给他人造成的损失,应当给予赔偿。

依照上述规定不返还商标侵权赔偿金、商标转让费、商标使用费,明显违反公平原则的,应当全部或者部分返还。

8 / 冒充注册商标的处罚方式和罚款金额是如何规定的?

将未注册商标冒充注册商标使用的,或者使用未注册商标违反商标法第 10 条的规定的,由地方工商行政管理部门予以制止,限期改正,并可以予以通报,违法经营额 5 万元以上的,可以处违法经营额 20% 以下的罚款,没有违法经营额或者违法经营额不足 5 万元的,可以处 1 万元以下的罚款。

五、商标的保护

 我国商标专用权的保护范围如何确定？

注册商标的专用权，以核准注册的商标和核定使用的商品为限。商标权人有权禁止他人在与其核定使用的相同或者类似的商品上使用与其核准注册商标相同或者近似的商标。

有下列行为之一的，均属侵犯注册商标专用权：

（1）未经商标注册人的许可，在同一种商品上使用与其注册商标相同的商标的。

（2）未经商标注册人的许可，在同一种商品上使用与其注册商标近似的商标，或者在类似商品上使用与其注册商标相同或者近似的商标，容易导致混淆的。

（3）销售侵犯注册商标专用权的商品的。

（4）伪造、擅自制造他人注册商标标识或者销售伪造、擅自制造的注册商标标识的。

（5）未经商标注册人同意，更换其注册商标并将该更换商标的商品又投入市场的。

（6）故意为侵犯他人商标专用权行为提供便利条件，帮助他人实施侵犯商标专用权行为的。

（7）给他人的注册商标专用权造成其他损害的。

为相关公众所熟知的商标，持有人认为其权利受到侵害时，可以依照商标法规定请求驰名商标保护。就相同或者类似商品申请注册的商标是复制、摹仿或者翻译他人未在中国注册的驰名商标，容易导致混淆的，不予注册并禁止使用。就不相同或者不相类似商品申请注册的商标是复制、摹仿或者翻译他人已经在中国注册的驰名商标，误导公众，致使该驰名商标注册人的利益可能受到损害的，不予注册并禁止使用。

2 / 对于侵犯注册商标专用权行为,应当如何处理?

有我国《商标法》第 57 条所列侵犯注册商标专用权行为之一,引起纠纷的,由当事人协商解决;不愿协商或者协商不成的,商标注册人或者利害关系人可以向人民法院起诉,也可以请求工商行政管理部门处理。

工商行政管理部门处理时,认定侵权行为成立的,责令立即停止侵权行为,没收、销毁侵权商品和主要用于制造侵权商品、伪造注册商标标识的工具,违法经营额 5 万元以上的,可以处违法经营额 5 倍以下的罚款,没有违法经营额或者违法经营额不足 5 万元的,可以处 25 万元以下的罚款。对 5 年内实施两次以上商标侵权行为或者有其他严重情节的,应当从重处罚。销售不知道是侵犯注册商标专用权的商品,能证明该商品是自己合法取得并说明提供者的,由工商行政管理部门责令停止销售。

对侵犯商标专用权的赔偿数额的争议,当事人可以请求进行处理的工商行政管理部门调解,也可以依照《中华人民共和国民事诉讼法》(以下简称我国《民事诉讼法》)向人民法院起诉。经工商行政管理部门调解,当事人未达成协议或者调解书生效后不履行的,当事人可以依照我国《民事诉讼法》向人民法院起诉。

对侵犯注册商标专用权的行为,国家知识产权局有权依法查处;涉嫌犯罪的,应当及时移送司法机关依法处理。

3 / 侵犯注册商标专用权的赔偿数额确定依据和标准有哪些?

侵犯商标专用权的赔偿数额,按照权利人因被侵权所受到的实际损失确定;实际损失难以确定的,可以按照侵权人因侵权所获得的利益确定;权利人的损失或者侵权人获得的利益难以确定的,参照该商标许可使用费的倍数合理确定。对恶意侵犯商标专用权,情节严重的,可以在按照上述方法确定数额的 1 倍以上 5 倍以下确定赔偿数额。赔偿数额应当包括权利人为制止侵权行为所支付的合理开支。

人民法院为确定赔偿数额,在权利人已经尽力举证,而与侵权行为相关的账簿、资料主要由侵权人掌握的情况下,可以责令侵权人提供与侵权行为相关的账簿、资料;侵权人不提供或者提供虚假的账簿、资料的,人民法院可以参考权利人的主张和提供的证据判定赔偿数额。

权利人因被侵权所受到的实际损失、侵权人因侵权所获得的利益、注册商标许可使用费难以确定的,由人民法院根据侵权行为的情节判决给予500万元以下的赔偿。

4 / 法院对假冒注册商标的商品应如何处理?

人民法院审理商标纠纷案件,应权利人请求,对属于假冒注册商标的商品,除特殊情况外,责令销毁;对主要用于制造假冒注册商标的商品的材料、工具,责令销毁,且不予补偿;或者在特殊情况下,责令禁止前述材料、工具进入商业渠道,且不予补偿。

假冒注册商标的商品不得在仅去除假冒注册商标后进入商业渠道。

5 / 商标侵权诉讼前可以采取什么方式制止侵权行为?

商标注册人或者利害关系人有证据证明他人正在实施或者即将实施侵犯其注册商标专用权的行为,如不及时制止将会使其合法权益受到难以弥补的损害的,可以依法在起诉前向人民法院申请采取责令停止有关行为和财产保全的措施。

六、驰名商标

1 / 我国对驰名商标有哪些特殊保护?

驰名商标是在中国为相关公众所熟知的商标。相关公众包括与使用商标所标识的某类商品或者服务有关的消费者,生产前述商品或者提供服务的其他经营者以及经销渠道中所涉及的销售者和相关人员,等等。

为相关公众所熟知的商标,持有人认为其权利受到侵害时,可以依照我国《商标法》规定请求驰名商标保护。

就相同或者类似商品申请注册的商标是复制、摹仿或者翻译他人未在中国注册的驰名商标,容易导致混淆的,不予注册并禁止使用。

就不相同或者不相类似商品申请注册的商标是复制、摹仿或者翻译他人已经在中国注册的驰名商标,误导公众,致使该驰名商标注册人的利益可能受到损害的,不予注册并禁止使用。

2 / 驰名商标的认定原则是什么?

驰名商标认定须遵循个案认定、被动认定、个案保护的原则。驰名商标应当根据当事人的请求,作为处理涉及商标案件需要认定的事实进行认定。

3 / 什么机构可以依法认定驰名商标?

(1)商标局。在商标注册审查、工商行政管理部门查处商标违法案件过程中,当事人依照我国《商标法》第 13 条规定主张权利的,商标局根据审查、处理案件的需要,可以对商标驰名情况作出认定。

(2)商标评审委员会。在商标争议处理过程中,当事人依照我国《商标法》第 13 条规定主张权利的,商标评审委员会根据处理案件的需要,可以对商标驰名情况作出认定。

(3)最高人民法院指定的人民法院。在商标民事、行政案件审理过程中,当事人依照我国《商标法》第 13 条规定主张权利的,最高人民法院指定的人民法院根据审理案件的需要,可以对商标驰名情况作出认定。

4 / 驰名商标的认定依据是什么?

认定驰名商标应当考虑下列因素:

(1)相关公众对该商标的知晓程度。

(2)该商标使用的持续时间。

（3）该商标的任何宣传工作的持续时间、程度和地理范围。

（4）该商标作为驰名商标受保护的记录。

（5）该商标驰名的其他因素。

第四章　著作权

一、概述

1 / 著作权是如何起源的?

著作权过去称为版权。版权最初的含义是 copyright(版和权),也就是复制权。这是因过去印刷术不够普及,当时社会认为附随于著作物最重要之权利莫过于将之印刷出版之权,故有此称呼。不过随着时代演进及科技的进步,著作的种类逐渐增加。世界上第一部版权法——1709 年的英国《安娜法令》开始保护作者的权利,而不仅仅是出版者的权利。1791 年,法国颁布了《表演权法》,开始重视保护作者的表演权利。1793 年又颁布了《作者权法》,作者的精神权利得到了进一步的重视。版权一词已渐渐不能包括所有著作物相关之权利内容。19 世纪后半叶,日本融合大陆法系的著作权法中的作者权,以及英美法系中的版权,制定了《日本著作权法》,采用了"著作权"的称呼。

2 / 何谓著作权?

著作权是指著作权人对文学、艺术和科学作品依法享有的专有权利。

广义的著作权还包括邻接权,如表演者、录音录像制作者、广播组织及出版者的权利。

著作权具有哪些特征？

著作权作为民事权利,是知识产权的重要组成部分,具有客体的非物质性、专有性、时间性、地域性等知识产权的共性。但较之于工业产权,著作权具有如下特征:

(1)权利产生的自动性。著作权是基于作品的创作完成而自动取得的,一般不必履行任何形式的登记或注册手续。专利权、商标权的取得须向有关行政主管部门申请,并经审批、登记及公告。

(2)权利主体的广泛性。根据《中华人民共和国著作权法》(以下简称我国《著作权法》)的规定,著作权的权利主体可以是自然人、法人、非法人组织或国家。同时,著作权的权利主体也不受行为能力和国籍的限制,未成年人和外国人均可以成为著作权的主体。

(3)权利客体的多样性。著作权保护的作品具有多样性的特点,具体包括文字作品、口述作品、音乐作品、戏剧作品、曲艺作品、舞蹈作品、杂技艺术作品、美术作品、建筑作品、摄影作品、影视作品、图形和模型作品、计算机软件等,这些作品涉及了文学、艺术及科学等多个领域。相比之下,专利权和商标权客体的表现形式及涉及的领域较为有限,如专利权客体为工业领域内的有关产品或方法的技术方案或设计方案,而商标权的客体是商业领域内的用于商品或服务的特定标志。

(4)权利内容的复杂性。著作权的权利内容极其丰富,我国《著作权法》共列举了4项著作人身权和13项著作财产权。同时,由于著作权客体的多样性,不同的著作权的内容又不尽相同。而专利权和商标权等其他知识产权的权利内容相对简单,且主要涉及财产权。

(5)权利保护的相对排他性。专利权和商标权是绝对排他的。同样的发明创造只能授予一件专利;两个或两个以上的申请人在同一或类似商品上以相同或近似商标申请注册的,依法核准其中一个商标,驳回其他注册申请。著作权是相对排他的,并不排斥他人对自己独立创作完成的相同或相近似的作品也取得著作权。

4 / **著作权的主体有哪些?**

著作权的主体包括:作者和其他依照著作权法享有著作权的自然人、法人或者非法人组织,在一定情况下,国家也可以享有著作权。

5 / **著作权的客体是什么?**

著作权的客体是作品。作品是指文学、艺术和科学领域内具有独创性并能以一定形式表现的智力成果,包括:

(1)文字作品。

(2)口述作品。

(3)音乐、戏剧、曲艺、舞蹈、杂技艺术作品。

(4)美术、建筑作品。

(5)摄影作品。

(6)视听作品。

(7)工程设计图、产品设计图、地图、示意图等图形作品和模型作品。

(8)计算机软件。

(9)符合作品特征的其他智力成果。

但法律、法规,国家机关的决议、决定、命令和其他具有立法、行政、司法性质的文件,及其官方正式译文;单纯事实消息;历法、通用数表、通用表格和公式不适用著作权保护。

6 / **作品的构成要件条件有哪些?**

作品作为智力成果,成为著作权客体,需要具备下列3个条件:

(1)作品产生于文学、艺术和科学领域内。

(2)作品的表达须具有独创性。

(3)作品必须能够以一定形式表现出来。通常必须以有形的载体来表达,思想或观点的创新不是著作权保护的客体。

著作权的分类及其内容有哪些?

根据我国《著作权法》的规定,著作权包括下列人身权和财产权:

(1)发表权,即决定作品是否公之于众的权利。

(2)署名权,即表明作者身份,在作品上署名的权利。

(3)修改权,即修改或者授权他人修改作品的权利。

(4)保护作品完整权,即保护作品不受歪曲、篡改的权利。

(5)复制权,即以印刷、复印、拓印、录音、录像、翻录、翻拍、数字化等方式将作品制作一份或者多份的权利。

(6)发行权,即以出售或者赠与方式向公众提供作品的原件或者复制件的权利。

(7)出租权,即有偿许可他人临时使用视听作品、计算机软件的原件或者复制件的权利,计算机软件不是出租的主要标的的除外。

(8)展览权,即公开陈列美术作品、摄影作品的原件或者复制件的权利。

(9)表演权,即公开表演作品,以及用各种手段公开播送作品的表演的权利。

(10)放映权,即通过放映机、幻灯机等技术设备公开再现美术、摄影、视听作品等的权利。

(11)广播权,即以有线或者无线方式公开传播或者转播作品,以及通过扩音器或者其他传送符号、声音、图像的类似工具向公众传播广播的作品的权利,但不包括本款第12项规定的权利。

(12)信息网络传播权,即以有线或者无线方式向公众提供,使公众可以在其选定的时间和地点获得作品的权利。

(13)摄制权,即以摄制视听作品的方法将作品固定在载体上的权利。

(14)改编权,即改变作品,创作出具有独创性的新作品的权利。

(15)翻译权,即将作品从一种语言文字转换成另一种语言文字的权利。

(16)汇编权,即将作品或者作品的片段通过选择或者编排,汇集成新作品的权利。

(17)应当由著作权人享有的其他权利。

其中,(1)～(4)为人身性权利,通常简称为人身权;(5)～(17)财产性权利,通常简称为财产权。

8 / 软件著作权包含哪些人身权和财产权?

计算机软件著作权是指软件的开发者或者其他权利人依据有关著作权法律的规定,对于软件作品所享有的各项专有权利。

软件著作权人享有下列各项权利:

(1)发表权,即决定软件是否公之于众的权利。

(2)署名权,即表明开发者身份,在软件上署名的权利。

(3)修改权,即对软件进行增补、删节,或者改变指令、语句顺序的权利。

(4)复制权,即将软件制作一份或者多份的权利。

(5)发行权,即以出售或者赠与方式向公众提供软件的原件或者复制件的权利。

(6)出租权,即有偿许可他人临时使用软件的权利,但是软件不是出租的主要标的的除外。

(7)信息网络传播权,即以有线或者无线方式向公众提供软件,使公众可以在其个人选定的时间和地点获得软件的权利。

(8)翻译权,即将原软件从一种自然语言文字转换成另一种自然语言文字的权利。

(9)应当由软件著作权人享有的其他权利。

其中,(1)～(3)为人身权,(4)～(9)为财产权。

软件著作权人可以许可他人行使其软件著作权,并有权获得报酬。软件著作权人可以全部或者部分转让其软件著作权,并有权获得报酬。

9 / 我国著作权管理体制是如何设置的?

国家著作权主管部门负责全国的著作权管理工作;县级以上地方主管著作权的部门负责本行政区域的著作权管理工作。

二、著作权的取得

 什么是著作权取得制度？

著作权取得是基于一定的法律事实,法律确认著作权法律关系的发生。我国《著作权法》规定,中国公民、法人或者非法人组织的作品,不论是否发表,依照本法享有著作权。法人或者非法人组织的作品、著作权(署名权除外)由法人或者非法人组织享有的职务作品,其发表权的保护期为 50 年,截止于作品创作完成后第 50 年的 12 月 31 日。我国《著作权法》第 10 条第 1 款第 5 项至第 17 项规定的权利的保护期为 50 年,截止于作品首次发表后第 50 年的 12 月 31 日,但作品自创作完成后 50 年内未发表的,本法不再保护。以此规定为据,我国著作权自作品创作完成即自动取得著作权。但在国际上著作权取得制度是主流,此外还有著作权登记取得制度等。

 国际上著作权的取得有哪些基本方式？

著作权的取得主要有注册取得、自动取得和其他取得几种制度。

(1)注册取得制度。注册取得,指以登记注册作为取得著作权的条件,作品只有登记注册后方能产生著作权。著作权注册取得的原则,又称为注册主义。从世界各国著作权法规定来看,大多数国家已采取自动取得原则,《保护文学艺术作品伯尔尼公约》和《世界版权公约》也不以登记注册作为取得著作权的条件,但实施 1987 年新版权法之前的西班牙,以及受其影响较大的拉丁美洲和少数非洲国家,仍要求将作品提交著作权管理部门登记,否则不受著作权法保护。

(2)自动取得制度。著作权自动取得,指著作权因作品创作完成、形成作品这一法律事实的存在而自然取得,不再需要履行任何手续。我国著作权法参照各国的通行做法,采用了自动取得原则。

(3)其他取得制度。其他取得方式包括:作品必须以有形物固定下来,才能获得著作权。如美国著作权法就有此规定;以著作权标记获得著作权,这为世界版权公约所确认。版权标记包括 3 个部分:在英文字母 c 外加一圆圈,即©,c 为英文 copyright 的缩写,代表版权;版权所有者姓名;首次出版年份。

3 / 我国确定著作权归属的一般原则是什么?

创作作品的自然人是作者。由法人或者非法人组织主持,代表法人或者非法人组织意志创作,并由法人或者非法人组织承担责任的作品,法人或者非法人组织视为作者。著作权属于作者,这是我国《著作权法》确定的著作权归属的一般原则,但著作权法另有规定的除外。除外情形主要包括演绎作品、合作作品、汇编作品、委托作品、职务作品、视听作品等例外规定。

4 / 我国演绎作品的著作权归属及其行使著作权的原则是什么?

我国《著作权法》中的演绎作品包括改编、翻译、注释、整理已有作品而产生的作品。其著作权由改编、翻译、注释、整理人享有,但行使著作权时以不得侵犯原作品的著作权为原则。

5 / 我国合作作品的著作权归属及其行使著作权的原则是什么?

两人以上合作创作的作品是合作作品,其著作权由合作作者共同享有。没有参加创作的人,不能成为合作作者。

合作作品的著作权行使的原则是由合作作者通过协商一致行使;不能协商一致,又无正当理由的,任何一方不得阻止他方行使除转让、许可他人专有使用、出质以外的其他权利,但是所得收益应当合理分配给所有合作作者。

合作作品可以分割使用的,作者对各自创作的部分可以单独享有著作权,但行使著作权时不得侵犯合作作品整体的著作权。

6 / 我国汇编作品的著作权归属及其行使原则是什么?

汇编作品是指汇编若干作品、作品的片段或者不构成作品的数据或者其他材料,对其内容的选择或者编排体现独创性的作品,其著作权由汇编人享有,但行使著作权时以不得侵犯原作品的著作权为原则。

7 / 他人使用演绎作品和汇编作品的原则是什么?

使用包括改编、翻译、注释、整理、汇编已有作品而产生的演绎作品和汇编作品进行出版、演出和制作录音录像制品,应当取得该作品的著作权人和原作品的著作权人许可,并支付报酬。

8 / 我国视听作品的著作权归属及其行使原则是什么?

视听作品中的电影作品、电视剧作品的著作权由制作者享有,但编剧、导演、摄影、作词、作曲等作者享有署名权,并有权按照与制作者签订的合同获得报酬。

电影作品、电视剧作品以外的视听作品的著作权归属由当事人约定;没有约定或者约定不明确的,由制作者享有,但作者享有署名权和获得报酬的权利。

视听作品中的剧本、音乐等可以单独使用的作品的作者有权单独行使其著作权。

9 / 我国职务作品的著作权归属及其行使原则是什么?

职务作品是自然人为完成法人或者非法人组织工作任务所创作的作品。

有下列情形之一的职务作品,作者享有署名权,著作权的其他权利由法人或者非法人组织享有,法人或者非法人组织可以给予作者奖励(职务作品奖励权）：

（1）主要是利用法人或者非法人组织的物质技术条件创作，并由法人或者非法人组织承担责任的工程设计图、产品设计图、地图、示意图、计算机软件等职务作品。

（2）报社、期刊社、通讯社、广播电台、电视台的工作人员创作的职务作品。

（3）法律、行政法规规定或者合同约定著作权由法人或者非法人组织享有的职务作品。

上列情形以外的职务作品，著作权由作者享有，但法人或者非法人组织有权在其业务范围内优先使用。作品完成两年内，未经单位同意，作者不得许可第三人以与单位使用的相同方式使用该作品。

10 / 我国委托作品的著作权归属于谁?

委托作品是受委托创作的作品，其著作权的归属由委托人和受托人通过合同约定。合同未作明确约定或者没有订立合同的，著作权属于受托人。

11 / 作品原件所有权的转移对著作权有何影响?

作品原件所有权的转移，不改变作品著作权的归属，但美术、摄影作品原件的展览权由原件所有人享有。

作者将未发表的美术、摄影作品的原件所有权转让给他人，受让人展览该原件不构成对作者发表权的侵犯。

12 / 自然人死亡后的著作权由谁享有?

著作权属于自然人的，自然人死亡后，其《著作权法》第 10 条第 1 款第 5 项至第 17 项规定的权利在著作权法规定的保护期内，依法转移，由其继承人继承或享有。

13 / 法人或者非法人组织变更、终止后的著作权由谁享有？

著作权属于法人或者非法人组织的，法人或者非法人组织变更、终止后，其享有的我国《著作权法》第 10 条第 1 款第 5 项至第 17 项规定的权利在著作权法规定的保护期内，由承受其权利义务的法人或者非法人组织享有；没有承受其权利义务的法人或者非法人组织的，由国家享有。

三、著作权的运用

 著作权出质的程序有哪些？

著作权出质由出质人和质权人依法办理出质登记。根据《著作权质权登记办法》的规定，国家版权局负责著作权质权登记工作。著作权出质的基本程序为：

（1）出质人和质权人签订书面质权合同。以著作权出质的，出质人和质权人应当订立书面质权合同，并由双方共同向登记机构办理著作权质权登记。出质人和质权人可以自行办理，也可以委托代理人办理。

（2）向国家版权局提交申请文件。申请著作权质权登记的，应提交下列文件：著作权质权登记申请表；出质人和质权人的身份证明；主合同和著作权质权合同；委托代理人办理的，提交委托书和受托人的身份证明；以共有的著作权出质的，提交共有人同意出质的书面文件；出质前授权他人使用的，提交授权合同；出质的著作权经过价值评估的、质权人要求价值评估的或相关法律法规要求价值评估的，提交有效的价值评估报告；其他需要提供的材料。提交的文件是外文的，需同时附送中文译本。

（3）登记受理。申请人提交材料齐全的，登记机构应当予以受理。提交的材料不齐全的，登记机构不予受理。

（4）审查与发证。经审查符合要求的，登记机构应当自受理之日起 10 日内予以登记，并向出质人和质权人发放著作权质权登记证书。经审查不符合要求的，登记机构应当自受理之日起 10 日内通知申请人补正。补正通知书应载明补正事项和合理的补正期限。无正当理由逾期不补正的,视为撤回申请。

② 许可使用合同和转让合同权利如何行使？

许可使用合同和转让合同中著作权人未明确许可、转让的权利,未经著作权人同意,另一方当事人不得行使。

明确许可、转让的权利,通常可根据著作权法的规定,在许可、转让合同中具体列明许可、转让的各项权利,如复制权、发行权、信息网络传播权等。

③ 著作权法律体系中法定许可制度类型有哪些？

法定许可,是指在某种特定情况下,法律允许他人可不经著作权人同意使用已发表的作品,但应向著作权人支付报酬,说明作者姓名、作品名称和出处,并不得侵犯著作权人依照著作权法享有的其他权利的制度。依我国《著作权法》规定,除著作权人明确作出不许使用等禁止性声明外,下列情况均适用法定许可:

(1)教科书法定许可。即为实施义务教育和国家教育规划而编写出版教科书的法定许可制度。我国《著作权法》第25条规定,为实施义务教育和国家教育规划而编写出版教科书,可以不经著作权人许可,在教科书中汇编已经发表的作品片段或者短小的文字作品、音乐作品或者单幅的美术作品、摄影作品、图形作品,但应当按照规定向著作权人支付报酬,指明作者姓名或者名称、作品名称,并且不得侵犯著作权人依照本法享有的其他权利。这一规定适用于对与著作权有关的权利的限制。

为更好实施教科书法定许可制度,《教科书法定许可使用作品支付报酬办法》对教科书法定许可中的有关概念进行了界定。其中第3条规定,在教科书中汇编已经发表的作品片断或者短小的文字作品、音乐作品或者单幅的美术作品、摄影作品,除作者事先声明不许使用的外,可以不经著作权人许可,但应当支付报酬,指明作者姓名、作品名称,并且不得侵犯著作权人依法享有的其他权利。作品片断或者短小的文字作品,是指九年制义务教育教科书中使用的单篇不超过 2000 字的文字作品,或者国家教育规划(不含九年制义务教育)教科书中使用的单篇不超过 3000 字的文字作品。短小的音乐作品,是指九年制义务教育和国家教育规划教科书中使用的单篇不超过 5 页面或时长不超过 5 分钟的单声部音乐作品,或者乘以相应倍数的多声部音乐作品。

(2)报刊转载摘编法定许可。即其他报刊转载或者作为文摘、资料刊登已在其他报刊上刊登的作品。我国《著作权法》第 35 条第 2 款规定,作品刊登后,除著作权人声明不得转载、摘编的外,其他报刊可以转载或者作为文摘、资料刊登,但应当按照规定向著作权人支付报酬。

(3)录音制作者法定许可。即使用他人已发表的作品制作录音制品。我国《著作权法》第 42 条第 2 款规定,录音制作者使用他人已经合法录制为录音制品的音乐作品制作录音制品,可以不经著作权人许可,但应当按照规定支付报酬;著作权人声明不许使用的不得使用。

(4)广播组织使用已发表作品法定许可。即广播电台、电视台使用他人已发表的作品制作广播、电视节目。我国《著作权法》第 46 条第 2 款规定,广播电台、电视台播放他人已发表的作品,可以不经著作权人许可,但应当按照规定支付报酬。

基于互联网传播对权利人影响巨大,我国《信息网络传播权保护条例》限缩了法定许可制度适用的范围,并对网络环境下的法定许可制度,进行了适当调整。在网络环境下的法定许可制度,主要有:

(1)教科书法定许可制度。《信息网络传播权保护条例》第 8 条规定,为通过信息网络实施九年制义务教育或者国家教育规划,可以不经著作权人许可,使用其已经发表作品的片断或者短小的文字作品、音乐作品或者单幅的美术作品、摄影作品制作课件,由制作课件或者依法取得课件的远程教育机构通过信息网络向注册学生提供,但应当向著作权人支付报酬。

(2)扶贫法定许可。在学术界此种法定许可,有学者将其称为准法定许可。《信息网络传播权保护条例》第 9 条规定,为扶助贫困,通过信息网络向农村地区的公众免费提供中国公民、法人或者其他组织已经发表的种植养殖、防病治病、防灾减灾等与扶助贫困有关的作品和适应基本文化需求的作品,网络服务提供者应当在提供前公告拟提供的作品及其作者、拟支付报酬的标准。自公告之日起30日内,著作权人不同意提供的,网络服务提供者不得提供其作品;自公告之日起满30日,著作权人没有异议的,网络服务提供者可以提供其作品,并按照公告的标准向著作权人支付报酬。网络服务提供者提供著作权人的作品后,著作权人不同意提供的,网络服务提供者应当立即删除著作权人的作品,并按照公告的标准向著作权人支付提供作品期间的报酬。依照此规定提供作品的实行法定许可,作品提供者不得直接或者间接获得经济利益。

 使用作品的付酬标准如何进行确定?

使用作品的付酬标准可以由当事人约定,也可以按照国家著作权主管部门会同有关部门制定的付酬标准支付报酬。当事人约定不明确的,按照国家著作权主管部门会同有关部门制定的付酬标准支付报酬。

目前我国相关机构制定的著作权报酬标准主要有《广播电台电视台播放录音制品支付报酬暂行办法》(该办法经2009年5月6日国务院第62次常务会议通过,2009年11月10日中华人民共和国国务院令第566号公布,自2010年1月1日起施行),《教科书法定许可使用作品支付报酬办法》(该办法经2013年9月2日国家版权局局务会议通过,并经国家发展和改革委员会同意,2013年10月22日国家版权局、国家发展和改革委员会令第10号公布,自2013年12月1日起施行)和《使用文字作品支付报酬办法》(该办法经2014年8月21日国家版权局局务会议通过,并经国家发展和改革委员会同意,国家版权局、国家发展和改革委员会令第11号发布,自2014年11月1日起施行)。

5 / 作品使用者依法使用享有著作权的作品原则是什么?

除符合合理使用特定情形和符合法定许可的情形外,出版者、表演者、录音录像制作者、广播电台、电视台等作品使用者使用他人未发表或已发表的作品,应当取得著作权人许可,并支付报酬。

6 / 我国著作权法规体系中规定的合理使用制度有哪些？

合理使用是著作权法中为了著作权人合法利益与社会公共利益平衡的一项重要的制度,是指根据著作权法的规定,以一定方式使用作品可以不经著作权人的同意,也不向其支付报酬的作品使用制度。在通常情况下,未经著作权人许可而使用其作品的,就构成侵权,但为了保护公共利益,对一些对著作权危害不大的行为,著作权法不视为侵权行为。这些特定使用行为在理论上被称为"合理使用"。

我国《著作权法》第24条规定了在下列13种情况下使用作品,可以不经著作权人许可,不向其支付报酬,但应当指明作者姓名或者名称、作品名称,并且不得影响该作品的正常使用,也不得不合理地损害著作权人的合法权益:

(1)为个人学习、研究或者欣赏,使用他人已经发表的作品。

(2)为介绍、评论某一作品或者说明某一问题,在作品中适当引用他人已经发表的作品。

(3)为报道新闻,在报纸、期刊、广播电台、电视台等媒体中不可避免地再现或者引用已经发表的作品。

(4)报纸、期刊、广播电台、电视台等媒体刊登或者播放其他报纸、期刊、广播电台、电视台等媒体已经发表的关于政治、经济、宗教问题的时事性文章,但著作权人声明不许刊登、播放的除外。

(5)报纸、期刊、广播电台、电视台等媒体刊登或者播放在公众集会上发表的讲话,但作者声明不许刊登、播放的除外。

(6)为学校课堂教学或者科学研究,翻译、改编、汇编、播放或者少量复制已经发表的作品,供教学或者科研人员使用,但不得出版发行。

(7)国家机关为执行公务在合理范围内使用已经发表的作品。

(8)图书馆、档案馆、纪念馆、博物馆、美术馆、文化馆等为陈列或者保存版本的需要,复制本馆收藏的作品。

(9)免费表演已经发表的作品,该表演未向公众收取费用,也未向表演者支付报酬,且不以营利为目的。

（10）对设置或者陈列在公共场所的艺术作品进行临摹、绘画、摄影、录像。

（11）将中国公民、法人或者非法人组织已经发表的以国家通用语言文字创作的作品翻译成少数民族语言文字作品在国内出版发行。

（12）以阅读障碍者能够感知的无障碍方式向其提供已经发表的作品。

（13）法律、行政法规规定的其他情形。

上述13种规定适用于对与著作权有关的权利的限制。

合理使用制度本质上是一种作品使用者的权利，也有学者将其称为读者的权利。计算机软件是一种较为特殊的作品，为适用计算机软件作品创作与传播的需要，我国《计算机软件保护条例》建立了计算机软件特别的合理使用制度。其第16条规定，软件的合法复制品所有人享有下列权利：

（1）根据使用的需要把该软件装入计算机等具有信息处理能力的装置内；

（2）为了防止复制品损坏而制作备份复制品。这些备份复制品不得通过任何方式提供给他人使用，并在所有人丧失该合法复制品的所有权时，负责将备份复制品销毁；

（3）为了把该软件用于实际的计算机应用环境或者改进其功能、性能而进行必要的修改；但是，除合同另有约定外，未经该软件著作权人许可，不得向任何第三方提供修改后的软件。

其第17条规定，为了学习和研究软件内含的设计思想和原理，通过安装、显示、传输或者存储软件等方式使用软件的，可以不经软件著作权人许可，不向其支付报酬。

因此，我国计算机软件的合理使用制度是在通过赋予软件的合法复制品所有人权利和概括性赋予使用者为学习和研究软件使用权的方式构建的。

为了使用网络环境下作品提供和传播的需要，实现利益平衡，我国《信息网络传播权保护条例》根据网络传播的特点，将我国《著作权法》中的合理使用制度引入网络领域并进行了适当调整，通过第6条和第7条两条规定，建立了网络环境下的信息网络传播权的合理使用制度。

《信息网络传播权保护条例》第6条规定，通过信息网络提供他人作

品,属于下列情形的,可以不经著作权人许可,不向其支付报酬:

(1)为介绍、评论某一作品或者说明某一问题,在向公众提供的作品中适当引用已经发表的作品。

(2)为报道时事新闻,在向公众提供的作品中不可避免地再现或者引用已经发表的作品。

(3)为学校课堂教学或者科学研究,向少数教学、科研人员提供少量已经发表的作品。

(4)国家机关为执行公务,在合理范围内向公众提供已经发表的作品。

(5)将中国公民、法人或者其他组织已经发表的、以汉语言文字创作的作品翻译成的少数民族语言文字作品,向中国境内少数民族提供。

(6)不以营利为目的,以盲人能够感知的独特方式向盲人提供已经发表的文字作品。

(7)向公众提供在信息网络上已经发表的关于政治、经济问题的时事性文章。

(8)向公众提供在公众集会上发表的讲话。

《信息网络传播权保护条例》第7条规定,图书馆、档案馆、纪念馆、博物馆、美术馆等可以不经著作权人许可,通过信息网络向本馆馆舍内服务对象提供本馆收藏的合法出版的数字作品和依法为陈列或者保存版本的需要以数字化形式复制的作品,不向其支付报酬,但不得直接或者间接获得经济利益。当事人另有约定的除外。前述规定的为陈列或者保存版本需要以数字化形式复制的作品,应当是已经损毁或者濒临损毁、丢失或者失窃,或者其存储格式已经过时,并且在市场上无法购买或者只能以明显高于标定的价格购买的作品。

因此,我国著作权法规体系以我国《著作权法》规定为基础,构建了一套适合多种情形下的平衡权利人与社会公众利益的合理使用制度。

四、著作权的保护

 什么是著作权侵权?

著作权侵权是指除合理使用外违反著作权法侵害著作权人享有的著作

人身权、著作财产权的行为。具体说来,凡行为人实施了我国《著作权法》第52条和第53条所规定的行为,侵犯了他人的著作权造成财产或非财产损失,都属于对著作权的侵权。

2 / 著作权侵权行为及其应当承担的法律责任是什么?

我国《著作权法》第52条和第53条分别规定了一般侵权行为和严重侵权行为,应当承担不同的法律责任。

第52条规定的一般侵权行为,包括:

(1)未经著作权人许可,发表其作品的。

(2)未经合作作者许可,将与他人合作创作的作品当作自己单独创作的作品发表的。

(3)没有参加创作,为谋取个人名利,在他人作品上署名的。

(4)歪曲、篡改他人作品的。

(5)剽窃他人作品的。

(6)除著作权法另有规定的外,未经著作权人许可,以展览、摄制电影和以类似摄制电影的方法使用作品,或者以改编、翻译、注释等方式使用作品的。

(7)使用他人作品,应当支付报酬而未支付的。

(8)除著作权法另有规定的外,未经电影作品和以类似摄制电影的方法创作的作品、计算机软件、录音录像制品的著作权人或者与著作权有关的权利人许可,出租其作品或者录音录像制品的。

(9)未经出版者许可,使用其出版的图书、期刊的版式设计的。

(10)未经表演者许可,从现场直播或者公开传送其现场表演,或者录制其表演的。

(11)其他侵犯著作权以及与著作权有关的权益的行为。

著作权一般侵权行为应当根据情况,承担停止侵害、消除影响、赔礼道歉、赔偿损失等民事责任。

第53条规定的严重侵权行为,包括:

(1)除著作权法另有规定外,未经著作权人许可,复制、发行、表演、放映、广播、汇编、通过信息网络向公众传播其作品的。

（2）出版他人享有专有出版权的图书的。

（3）除著作权法另有规定外，未经表演者许可，复制、发行录有其表演的录音录像制品，或者通过信息网络向公众传播其表演的。

（4）除著作权法另有规定外，未经录音录像制作者许可，复制、发行、通过信息网络向公众传播其制作的录音录像制品的。

（5）除著作权法另有规定外，未经许可，播放、复制或者通过信息网络向公众传播广播、电视的。

（6）除法律、行政法规另有规定外，未经著作权人或者与著作权有关的权利人许可，故意避开或者破坏技术措施的，故意制造、进口或者向他人提供主要用于避开、破坏技术措施的装置或者部件的，或者故意为他人避开或者破坏技术措施提供技术服务的。

（7）除法律、行政法规另有规定外，未经著作权人或者与著作权有关的权利人许可，故意删除或者改变作品、版式设计、表演、录音录像制品或者广播、电视上的权利管理信息的，知道或者应当知道作品、版式设计、表演、录音录像制品或者广播、电视上的权利管理信息未经许可被删除或者改变，仍然向公众提供的。

（8）制作、出售假冒他人署名的作品的。

对于著作权严重侵权行为，应当根据情况，承担我国《著作权法》规定一般侵权行为，如第52条规定的民事责任，即停止侵害、消除影响、赔礼道歉、赔偿损失等；如果侵权行为同时损害公共利益的，还应由主管著作权的部门责令停止侵权行为，予以警告，没收违法所得，没收、无害化销毁处理侵权复制品以及主要用于制作侵权复制品的材料、工具、设备等，违法经营额5万元以上的，可以并处违法经营额1倍以上5倍以下的罚款；没有违法经营额、违法经营额难以计算或者不足5万元的，可以并处25万元以下的罚款；若构成犯罪的，依法追究刑事责任。

3 著作权纠纷有哪些解决途径？

著作权侵权纠纷可以调解，调解不成或调解达成协议后一方反悔的，可以向法院提起诉讼。此外，著作权纠纷可以协商解决，还可以通过仲裁解决。

 著作权人在著作权侵权纠纷中应当如何取证举证？

（1）确认权利归属的证据的取证实务。我国对版权采用的是"自动保护"的原则，即只要作品创作完成了，其版权即已产生，不因是否登记而有所差异。要证明版权的归属，一般需要一些原始的证据证明，这些证据包括：作品的原件，作品的底稿，相片的底片，合法出版物，版权登记证书，相关中介机构或国家机关出具的证书，版权转让的合同，继承公证书，等等。只要权利人提出这些证据被法院认定为真实合法的，而对方又不能提出合法有效的证据对此进行反驳，则一般可以确认版权的归属。

（2）证明侵权事实存在证据的取证实务。在现实生活中，版权侵权主要是侵犯版权人的财产权利，比如未经版权人同意，擅自以发行、复制、出租、展览、广播、表演等形式利用版权人的作品或传播作品，或者使用作品而不支付版权费等。可以通过两种方式进行取证：①公证取证，即在未暴露自己真实身份的前提下，从侵权人处现场购买侵权产品，由公证机关进行全程公证。②向有关主管部门进行举报，对侵权人的侵权行为进行现场查封和处理。在诉讼过程中，再向法院请求到有关主管部门调取工作笔录。

（3）证明侵权损失证据的取证实务。侵犯著作权或者与著作权有关的权利的，侵权人应当按照权利人因此受到的实际损失或者侵权人的违法所得给予赔偿；权利人的实际损失或者侵权人的违法所得难以计算的，可以参照该权利使用费给予赔偿。对故意侵犯著作权或者与著作权有关的权利，情节严重的，可以在按照上述方法确定数额的1倍以上5倍以下给予赔偿。权利人的实际损失、侵权人的违法所得、权利使用费难以计算的，由人民法院根据侵权行为的情节，判决给予500元以上500万元以下的赔偿。赔偿数额还应当包括权利人为制止侵权行为所支付的合理开支。人民法院为确定赔偿数额，在权利人已经尽了必要举证责任，而与侵权行为相关的账簿、资料等主要由侵权人掌握的，可以责令侵权人提供与侵权行为相关的账簿、资料等；侵权人不提供，或者提供虚假的账簿、资料等的，人民法院可以参考权利人的主张和提供的证据确定赔偿数额。因此,损失证据应围绕实际损失、侵权人的违法所得、权利使用费、侵权情节、合理开支进行取证和举证。

(4)版权网络侵权调查取证需要注意的问题。①在起诉前向当地公证处申请证据保全,以保全对自己有利的证据。②在取得网页的公证文书之后,若只想制止侵权行为而不太想追究赔偿责任,即可向对方发出律师函,对对方的侵权行为进行警示。③在取得网页的公证文书之后,若想提起诉讼追究侵权方的赔偿责任,则先须按照前述证据调取方法对各证据进行调取。

⑤ / 侵犯著作权及其相关权利的赔偿数额依据有哪些?

侵犯著作权或者与著作权有关的权利的,侵权人应当按照权利人因此受到的实际损失或者侵权人的违法所得给予赔偿;权利人的实际损失或者侵权人的违法所得难以计算的,可以参照该权利使用费给予赔偿。对故意侵犯著作权或者与著作权有关的权利,情节严重的,可以在按照上述方法确定数额的 1 倍以上 5 倍以下给予赔偿。

权利人的实际损失、侵权人的违法所得、权利使用费难以计算的,由人民法院根据侵权行为的情节,判决给予 500 元以上 500 万元以下的赔偿。

赔偿数额还应当包括权利人为制止侵权行为所支付的合理开支。

人民法院为确定赔偿数额,在权利人已经尽了必要举证责任,而与侵权行为相关的账簿、资料等主要由侵权人掌握的,可以责令侵权人提供与侵权行为相关的账簿、资料等;侵权人不提供,或者提供虚假的账簿、资料等的,人民法院可以参考权利人的主张和提供的证据确定赔偿数额。

人民法院审理著作权纠纷案件,应权利人请求,对侵权复制品,除特殊情况外,责令销毁;对主要用于制造侵权复制品的材料、工具、设备等,责令销毁,且不予补偿;或者在特殊情况下,责令禁止前述材料、工具、设备等进入商业渠道,且不予补偿。

6 / 复制品的出版者、制作者什么情况下需要承担法律责任？

复制品的出版者、制作者不能证明其出版、制作有合法授权的，复制品的发行者或者视听作品、计算机软件、录音录像制品的复制品的出租者不能证明其发行、出租的复制品有合法来源的，应当承担法律责任。

在诉讼程序中，被诉侵权人主张其不承担侵权责任的，应当提供证据证明已经取得权利人的许可，或者具有著作权法规定的不经权利人许可而可以使用的情形。

7 / 著作权纠纷的处理方式有哪些？

著作权纠纷可以调解，也可以根据当事人达成的书面仲裁协议或者著作权合同中的仲裁条款，向仲裁机构申请仲裁。当事人没有书面仲裁协议，也没有在著作权合同中订立仲裁条款的，可以直接向人民法院起诉。

8 / 软件著作权保护期限如何限定？

软件著作权自软件开发完成之日起产生。自然人的软件著作权，保护期为自然人终生及其死亡后 50 年，截止于自然人死亡后第 50 年的 12 月 31 日；软件是合作开发的，截止于最后死亡的自然人死亡后第 50 年的 12 月 31 日。

法人或者非法人组织的软件著作权，保护期为 50 年，截止于软件首次发表后第 50 年的 12 月 31 日，但软件自开发完成之日起 50 年内未发表的，计算机软件保护条例不再保护。

9 / 订立软件著作权许可使用合同应注意哪些事项？

许可他人行使软件著作权的，应当订立许可使用合同。许可使用合同中软件著作权人未明确许可的权利，被许可人不得行使。

许可他人专有行使软件著作权的,当事人应当订立书面合同。没有订立书面合同或者合同中未明确约定为专有许可的,被许可行使的权利应当视为非专有权利。

订立许可他人专有行使软件著作权的许可合同,或者订立转让软件著作权合同,可以向国家著作权主管部门认定的软件登记机构登记。

10 侵犯软件著作权的行为有哪些?

除我国《著作权法》或者《计算机软件保护条例》另有规定外,有下列侵权行为的,应当根据情况,承担停止侵害、消除影响、赔礼道歉、赔偿损失等民事责任:

(1)未经软件著作权人许可,发表或者登记其软件的。

(2)将他人软件作为自己的软件发表或者登记的。

(3)未经合作者许可,将与他人合作开发的软件作为自己单独完成的软件发表或者登记的。

(4)在他人软件上署名或者更改他人软件上的署名的。

(5)未经软件著作权人许可,修改、翻译其软件的。

(6)其他侵犯软件著作权的行为。

11 权利人在提起诉前禁令和财产保全措施的条件是什么?

软件著作权人有证据证明他人正在实施或者即将实施侵犯其权利的行为,如不及时制止,将会使其合法权益受到难以弥补的损害的,可以依照我国《著作权法》第61条的规定,在提起诉讼前向人民法院申请采取责令停止有关行为和财产保全的措施。

为了制止侵权行为,在证据可能灭失或者以后难以取得的情况下,软件著作权人可以依照我国《著作权法》第61条的规定,在提起诉讼前向人民法院申请保全证据。

五、著作权的管理

1 / 著作权人身权和财产权保护期限是如何规定的?

著作权包括人身权和财产权,因此对它们的保护期有不同的法律规定。著作人身权中的署名权、修改权和保护作品完整权,是与特定的人身联系的权利,不因人的死亡而消失,因此受到法律永久保护,没有时间的限制。著作权中的财产权,基于它与社会公共利益的紧密联系,为了实现著作权人的合法利益和社会公共利益的平衡,促进作品传播,实现全社会文学、艺术和科学事业的进步,通常都规定一定的保护期限。发表权的保护期较为特殊,它与著作权中的财产权利保护期相同。

2 / 我国不同主体著作发表权、财产权保护期限是如何规定的?

(1)作者为公民的期限。自然人的作品,其发表权、我国《著作权法》第10条第1款第5~17项规定的权利的保护期为作者终生及其死亡后50年,截止于作者死亡后第50年的12月31日;如果是合作作品,截止于最后死亡的作者死亡后第50年的12月31日。

(2)作者为法人或非法人组织的期限。法人或者非法人组织的作品、著作权(署名权除外)由法人或者非法人组织享有的职务作品,其发表权的保护期为50年,截止于作品创作完成后第50年的12月31日;我国《著作权法》第10条第1款第5~17项规定的权利的保护期为50年,截止于作品首次发表后第50年的12月31日,但作品自创作完成后50年内未发表的,我国《著作权法》不再保护。

(3)特殊作品的期限。视听作品,其发表权的保护期为50年,截止于作品创作完成后第50年的12月31日;我国《著作权法》第10条第5~17项规定的权利的保护期为50年,截止于作品首次发表后第50年的12月31日,但作品自创作完成后50年内未发表的,我国《著作权法》不再保护。

(4)作者身份不明的作品保护期限。作者身份不明的作品,我国《著作权法》第 10 条第 1 款第 5 ~ 17 项规定的权利的保护期截止于作品首次发表后第 50 年的 12 月 31 日。作者身份确定后,适用我国《著作权法》第 23 条的规定。这里的作者"身份不明",多指作品因以假名、笔名、化名或者未署名发表,难以确定作者确定身份的情况。

第五章　　其他知识产权

一、地理标志

1 / 什么是地理标志？

地理标志，是指标示某商品来源于某地区，该商品的特定质量、信誉或者其他特征，主要由该地区的自然因素或者人文因素所决定的标志。

2 / 什么是地理标志产品？

地理标志产品，是指产自特定地域，所具有的质量、声誉或者其他特性本质上取决于该产地的自然因素和人文因素，以地理标志进行命名的产品。地理标志产品包括：①来自特定地域的种植、养殖产品；②原材料全部来自特定地域或者部分来自其他地域，并在特定地域按照特定工艺生产和加工的产品。

3 / 我国地理标志产品保护管理体制是怎样的？

国家知识产权局负责全国地理标志以及专用标志的管理和保护工作；统一受理和审查地理标志申请，依法认定地理标志。地方知识产权管理部门负责本行政区域内地理标志以及专用标志的管理和保护工作。县级以上市场监督管理部门或知识产权管理部门负责本行政区域内的地理标志以及专用标志的行政执法工作。

 什么是地理标志产品名称?

地理标志产品名称可以是由具有地理指示功能的名称和反映产品真实属性的通用名称构成的组合名称,也可以是有长久使用历史的"约定俗成"的名称。外国地理标志产品名称包括中文名称和原文名称。原文名称应当为在所属国或者地区获得地理标志保护的名称。

 不给予地理标志保护的情形有哪些?

有下列情形之一的,不给予地理标志保护:

(1)产品或者产品名称违反法律、社会公德或者妨害公共利益的。

(2)产品名称仅为产品的通用名称的。

(3)产品名称为他人注册商标、未注册的驰名商标,误导公众的。

(4)产品名称与受保护地理标志的产品名称相同,导致公众对产品的地理来源产生误认的。

(5)产品名称与植物品种或者动物育种名称相同,导致公众对产品的地理来源产生误认的。

(6)产品违反安全、卫生、环保的要求,对环境、生态、资源可能产生危害的。

(7)外国地理标志产品在所属国或者地区被撤销保护的。

哪些机构可以作为地理标志申请人?

县级以上人民政府指定的产地范围内的产品生产者协会或者保护申请机构可以向国家知识产权局提出地理标志申请。在所属国或者地区获得地理标志保护的外国申请人可以向国家知识产权局提出地理标志申请。

7 / **申请地理标志时应当提交什么材料？**

申请地理标志的,应当提交以下材料:

(1)地理标志产品保护请求书。

(2)地理标志产品保护要求。

(3)地方人民政府提出的产地范围建议。

(4)地方人民政府指定生产者协会或者保护申请机构作为申请人的文件。

(5)省级知识产权管理部门出具的初步审查意见。

(6)产品的技术标准或者管理规范。

(7)产品的检验报告。

(8)产品质量特色与产地自然或者人文因素之间关联性的证明材料等。

(9)产地范围内使用专用标志的生产者列表。

8 / **外国地理标志申请需要提交什么材料？**

外国地理标志申请除以中文提交地理标志产品保护请求书和地理标志产品保护要求外,还应当提交以下材料的原件及其经过公证的中文译本:

(1)在所属国或者地区获得地理标志保护的官方证明文件。

(2)所属国或者地区地理标志主管机构出具的产地范围文件。

(3)所属国或者地区出具的证明产品感官特色、理化指标的检测报告。

需要使用专用标志的,还应当提交使用专用标志的中国经销商列表。

9 / **地理标志产品保护要求包括哪些内容？**

地理标志产品保护要求包括:

(1)产品名称。

(2)产地范围。

(3)产品描述。

（4）质量要求,包括生产加工工艺和感官、理化指标等质量特色。

（5）关联性,产品质量特色与产地自然、人文因素之间关联性的描述。

（6）作为专用标志使用管理机构的地方知识产权管理部门信息。

（7）检测机构信息。

10 / 由哪级人民政府提出地理标志产品产地范围建议?

申请地理标志的产品产地范围在县级行政区域内的,由县级人民政府提出产地范围建议;跨行政区域的,由共同的上一级人民政府提出产地范围建议;跨省级行政区域的,由各省级人民政府分别提出所辖行政区域内的产地范围建议。

11 / 谁可以成为外国申请人的联系人或者委托代理人?

在中国没有经常居所或者营业所的外国申请人在中国申请地理标志以及办理其他相关事务的,可以由所属国或者地区驻华代表机构工作人员作为联系人,或者委托依法设立的专利代理机构、在国家知识产权局备案的商标代理机构或者依法设立的律师事务所办理。

12 / 地理标志申请如何进行审查和认定?

（1）国家知识产权局对收到的地理标志申请进行形式审查。审查合格的,发布受理公告;审查不合格的,书面通知申请人不予受理。

（2）任何单位或者个人认为地理标志属于地理标志保护规定不给予地理标志保护情形之一(参见本部分第5问)的,可以自受理公告之日起2个月内向国家知识产权局提出异议,提交请求书,说明理由,必要时还应当附具有关证据材料。

（3）异议请求有下列情形之一的,国家知识产权局书面通知异议人不予受理:①未在法定期限内提出的;②未具体说明异议理由的;③异议理由不属于地理标志保护规定的不给予地理标志保护情形的。

（4）国家知识产权局应当听取异议人和申请人陈述事实和理由,对异议请求进行审查后做出决定。异议成立的,驳回该地理标志申请,并书面通知异议人和申请人;异议不成立的,驳回该异议请求,并书面通知异议人和申请人。

（5）对公告受理的地理标志申请,异议期满无异议或者异议不成立的,国家知识产权局进行技术审查。技术审查包括会议审查和必要的产地核查,申请人应当予以配合。

在审查过程中,国家知识产权局认为地理标志申请内容需要说明或者修正的,可以要求申请人作出说明或者修正。

审查合格的,国家知识产权局发布地理标志认定公告(以下简称认定公告);审查不合格的,驳回该地理标志申请,并书面通知申请人。

（6）认定公告的内容包括地理标志产品名称、保护要求、使用专用标志的生产者或者中国经销商列表等。

（7）申请人对驳回申请的决定不服的,可以自收到通知之日起 30 日内向国家知识产权局请求复审。国家知识产权局自收到复审申请之日起 2 个月内作出决定,并书面通知申请人。

申请人对复审决定不服的,可以自收到通知之日起 30 日内向人民法院起诉。

（8）国家知识产权局按照地理标志产品的分类特点建立地理标志专家库,进行审查时根据需要选择并听取专家意见。

13 / 地理标志如何撤销和变更？

（1）自国家知识产权局发布认定公告之日起,任何单位或者个人认为属于地理标志保护规定不给予地理标志保护的情形之一的,可以请求国家知识产权局撤销地理标志,提交请求书,说明理由,必要时还应当附具有关证据材料。

属于地理标志保护规定不给予地理标志保护的产品或者产品名称违反法律、社会公德或者妨害公共利益的情形;或产品违反安全、卫生、环保的要求,对环境、生态、资源可能产生危害的情形或外国地理标志产品在所属国或者地区被撤销保护的情形的,或者是以欺骗手段或者其他不正当手段取得保护的,由国家知识产权局撤销地理标志,并书面通知申请人。

(2)有下列情形的,国家知识产权局不予受理,并书面通知请求人:①未具体说明撤销理由的;②撤销理由不属于地理标志保护规定不给予地理标志保护的情形的。

(3)国家知识产权局对撤销请求进行审查,作出决定并书面通知当事人。

国家知识产权局决定撤销地理标志的,发布撤销公告。

当事人对撤销决定不服的,可以自收到通知之日起 30 日内向人民法院起诉。

(4)受保护地理标志的产品保护要求、申请人名称等需要变更的,申请人应当向国家知识产权局提出变更请求,并提交省级知识产权管理部门出具的初审意见。按有关程序进行审查,审查合格的,国家知识产权局发布变更公告;审查不合格的,书面通知申请人并说明理由。

(5)在生产者列表中新增生产者的,申请人应当向省级知识产权管理部门提出请求,并提交以下材料:①新增的生产者列表;②有关产品质量检验机构出具的新增生产者所生产的地理标志产品的检验报告;③产地所在的地方知识产权管理部门出具的新增生产者核验报告。

省级知识产权管理部门审查合格的,发布核准公告,并报国家知识产权局备案。

在中国经销商列表中新增经销商的,申请人应当向国家知识产权局提出请求,审查合格的,发布核准公告。

14 / 如何进行地理标志的管理、运用和使用?

(1)产地范围所在的地方人民政府应当建立并实施受保护地理标志的产品标准体系、检测体系和质量保证体系。

(2)地方知识产权管理部门负责对本行政区域内受保护地理标志的产品产地范围、产品名称、产品质量特色、产品的标准符合性、专用标志使用等方面进行日常监管。

省级知识产权管理部门应当定期向国家知识产权局报送地理标志以及专用标志监管信息。

(3)受保护地理标志的产品质量特色检验由省级知识产权管理部门选定的检验机构承担。必要时,国家知识产权局将组织复检。

(4)知识产权管理部门应当积极引导促进地理标志的运用,服务地方经济发展。

(5)地理标志获得保护后,根据产品产地范围、类别、知名度等方面的因素,申请人应当配合制订相应的地理标志产品的国家标准、地方标准、团体标准或者管理规范,研制国家标准样品。

地理标志获得保护后,申请人应当采取措施对地理标志产品名称和专用标志的使用、产品质量特色等进行管理。

(6)公告中列明的生产者和中国经销商应当使用经认定的地理标志产品名称,按照有关规定使用专用标志。公告中列明的生产者应当按照相应标准或者管理规范组织生产。

其他单位或者个人不得擅自使用受保护地理标志产品名称或者专用标志。

(7)地理标志保护规定所称地理标志产品名称或者专用标志的使用,是指将产品名称或者专用标志用于产品、产品包装或者容器以及产品交易文书上,或者将产品名称或者专用标志用于广告宣传、展览以及其他商业活动中,用于识别产品产地来源或者受保护地理标志的行为。

15 / 如何确定与地理标志相关的法律责任?

(1)任何单位或者个人有下列行为之一的,依照《中华人民共和国产品质量法》处理:①通过使用产品名称或者产品描述,使公众误认为产品来自受保护地理标志产品产地的;②未经批准擅自在产品上使用专用标志的;③在产品上使用与专用标志相似的标志,使公众误以为是专用标志的;④销售上述产品的。

(2)任何单位或者个人有下列行为之一的,由违法行为发生地县级以上市场监督管理部门予以制止,并根据情节给予警告、罚款等行政处罚。有违法所得的,可以处违法所得3倍最高不得超过3万元的罚款;没有违法所得的,可以处1万元以下的罚款:①在产地范围之外的相同或者类似产品上使用受保护地理标志产品名称的;②销售上述产品的。

产地范围内未在公告中列明的生产者在产品上使用受保护地理标志产品名称的,依照前款规定处理。

(3)申请人违反地理标志保护规定的规定,致使地理标志产品达不到其质量要求或者造成不良社会影响的,由地方市场监督管理部门责令限期改正;拒不改正的,有违法所得的,可以处违法所得3倍最高不得超过3万元的罚款,没有违法所得的,可以处1万元以下的罚款。

(4)公告中列明的生产者或者中国经销商违反地理标志保护规定第33条第1款规定的,由地方知识产权管理部门责令限期改正;期满不改正的,视情节由国家知识产权局停止其使用地理标志产品名称和专用标志,并发布公告。

(5)从事地理标志保护工作的人员应当忠于职守,秉公办事,不得滥用职权、以权谋私,不得泄露工作秘密。违反以上规定的,依法给予处分;构成犯罪的依法追究刑事责任。

二、商业秘密

① / 什么是商业秘密?

商业秘密,是指不为公众所知悉、具有商业价值并经权利人采取相应保密措施的技术信息、经营信息等商业信息。

② / 应当如何认定不为公众所知悉?

有关信息不为其所属领域的相关人员普遍知悉和容易获得,应当认定为不为公众所知悉。

具有下列情形之一的,可以认定有关信息不构成不为公众所知悉:

(1)该信息为其所属技术或者经济领域的人的一般常识或者行业惯例。

（2）该信息仅涉及产品的尺寸、结构、材料、部件的简单组合等内容，进入市场后相关公众通过观察产品即可直接获得。

（3）该信息已经在公开出版物或者其他媒体上公开披露。

（4）该信息已通过公开的报告会、展览等方式公开。

（5）该信息从其他公开渠道可以获得。

该信息无须付出一定的代价而容易获得。

3 / 如何认定能为权利人带来经济利益、具有实用性？

有关信息具有现实的或者潜在的商业价值，能为权利人带来竞争优势的，应当认定为能为权利人带来经济利益、具有实用性。

4 / 如何认定权利人是否采取了保密措施？

权利人为防止信息泄漏所采取的与其商业价值等具体情况相适应的合理保护措施，应当认定为保密措施。

人民法院应当根据所涉信息载体的特性、权利人保密的意愿、保密措施的可识别程度、他人通过正当方式获得的难易程度等因素，认定权利人是否采取了保密措施。

具有下列情形之一，在正常情况下足以防止涉密信息泄漏的，应当认定权利人采取了保密措施：

（1）限定涉密信息的知悉范围，只对必须知悉的相关人员告知其内容。

（2）对于涉密信息载体采取加锁等防范措施。

（3）在涉密信息的载体上标有保密标志。

（4）对于涉密信息采用密码或者代码等。

（5）签订保密协议。

（6）对于涉密的机器、厂房、车间等场所限制来访者或者提出保密要求。

（7）确保信息秘密的其他合理措施。

5 / **不认定为侵犯商业秘密行为的情形有哪些？**

通过自行开发研制或者反向工程等方式获得的商业秘密，不认定为侵犯商业秘密行为。反向工程，是指通过技术手段对从公开渠道取得的产品进行拆卸、测绘、分析等而获得该产品的有关技术信息。当事人不得以不正当手段知悉了他人的商业秘密之后，又以反向工程为由主张其获取行为的合法性。

6 / **什么是商业秘密中的客户名单？**

商业秘密中的客户名单，一般是指由客户的名称、地址、联系方式及交易的习惯、意向、内容等构成的区别于相关公知信息的特殊客户信息，包括汇集众多客户的名册，以及保持长期稳定交易关系的特定客户的名册。

客户基于对职工个人的信赖而与职工所在单位进行市场交易，该职工离职后，能够证明客户自愿选择与自己或者其新单位进行市场交易的，应当认定没有采用不正当手段，但职工与原单位另有约定的除外。

7 / **如何提供商业秘密符合法定条件的证据？**

当事人指称他人侵犯其商业秘密的，应当对其拥有的商业秘密符合法定条件，对方当事人的信息与其商业秘密相同或者实质相同及对方当事人采取不正当手段的事实负举证责任。其中，商业秘密符合法定条件的证据，包括商业秘密的载体、具体内容、商业价值和对该项商业秘密所采取的具体保密措施等。

8 / **商业秘密使用许可合同被许可人的诉讼地位是怎样的？**

对于侵犯商业秘密行为，商业秘密独占使用许可合同的被许可人提起诉讼的，人民法院应当依法受理。

排他使用许可合同的被许可人和权利人共同提起诉讼,或者在权利人不起诉的情况下,自行提起诉讼,人民法院应当依法受理。

普通使用许可合同的被许可人和权利人共同提起诉讼,或者经权利人书面授权,单独提起诉讼的,人民法院应当依法受理。

9 / 判决停止侵害商业秘密的时间一般持续到何时?

人民法院对于侵犯商业秘密行为判决停止侵害的民事责任时,停止侵害的时间一般持续到该项商业秘密已为公众知悉时为止。

判决停止侵害的时间如果明显不合理的,可以在依法保护权利人该项商业秘密竞争优势的情况下,判决侵权人在一定期限或者范围内停止使用该项商业秘密。

10 / 如何确定已为公众所知悉的商业秘密的损害赔偿额?

因侵权行为导致商业秘密已为公众所知悉的,应当根据该项商业秘密的商业价值确定损害赔偿额。商业秘密的商业价值,根据其研究开发成本、实施该项商业秘密的收益、可得利益、可保持竞争优势的时间等因素确定。

11 / 我国商业秘密是知识产权客体吗?

我国《民法典》第 123 条规定:"民事主体依法享有知识产权。知识产权是权利人依法就下列客体享有的专有的权利:……(五)商业秘密……。"因此,商业秘密是知识产权客体。

12 / 哪些行为属于侵犯商业秘密的行为?

从事商品生产、经营或者提供服务的自然人、法人和非法人组织(经营者)实施的下列行为属于侵犯商业秘密的行为:

(1)以盗窃、贿赂、欺诈、胁迫、电子侵入或者其他不正当手段获取权利人的商业秘密。

（2）披露、使用或者允许他人使用以前项手段获取的权利人的商业秘密。

（3）违反保密义务或者违反权利人有关保守商业秘密的要求，披露、使用或者允许他人使用其所掌握的商业秘密。

（4）教唆、引诱、帮助他人违反保密义务或者违反权利人有关保守商业秘密的要求，获取、披露、使用或者允许他人使用权利人的商业秘密。

经营者以外的其他自然人、法人和非法人组织实施上列违法行为的，视为侵犯商业秘密。

第三人明知或者应知商业秘密权利人的员工、前员工或者其他单位、个人实施上列违法行为，仍获取、披露、使用或者允许他人使用该商业秘密的，视为侵犯商业秘密。

13 / 商业秘密对善意第三人有对抗的效力吗？

商业秘密不具有对抗善意第三人的效力，第三人可以善意地实施通过正当手段获得的商业秘密。例如，善意实施通过自行开发研制或者反向工程等方式获得的商业秘密，不特定公众不负有不得实施的义务，这是因为商业秘密不被不为公众所知悉而无法实施。

14 / 哪个部门负责查处侵犯商业秘密行为？

县级以上人民政府履行工商行政管理职责的市场监督管理部门对侵犯商业秘密行为进行查处，法律、行政法规规定由其他部门查处的除外。

15 / 如何对涉嫌侵犯商业秘密行为进行调查？

（1）监督检查部门调查涉嫌侵犯商业秘密行为，可以采取下列措施：①进入涉嫌侵犯商业秘密行为的经营场所进行检查；②询问被调查的经营者、利害关系人及其他有关单位、个人，要求其说明有关情况或者提供与被调查行为有关的其他资料;③查询、复制与涉嫌侵犯商业秘密行为有关的协议、账簿、单据、文件、记录、业务函电和其他资料;④查封、扣押与涉嫌侵犯商业秘密行为有关的财物;⑤查询涉嫌侵犯商业秘密的经营者的银行账户。采取前款规定的措施,应当向监督检查部门主要负责人书面报告,并经批准。采取前列第④项、第⑤项规定的措施,应当向设区的市级以上人民政府监督检查部门主要负责人书面报告,并经批准。监督检查部门调查涉嫌侵犯商业秘密行为,应当遵守《中华人民共和国行政强制法》和其他有关法律、行政法规的规定,并应当将查处结果及时向社会公开。

(2)监督检查部门调查涉嫌侵犯商业秘密行为,被调查的经营者、利害关系人及其他有关单位、个人应当如实提供有关资料或者情况。

(3)监督检查部门及其工作人员对调查过程中知悉的商业秘密负有保密义务。

(4)对涉嫌侵犯商业秘密行为,任何单位和个人有权向监督检查部门举报,监督检查部门接到举报后应当依法及时处理。监督检查部门应当向社会公开受理举报的电话、信箱或者电子邮件地址,并为举报人保密。对实名举报并提供相关事实和证据的,监督检查部门应当将处理结果告知举报人。

 侵犯商业秘密如何实行惩罚性赔偿?

因侵犯商业秘密行为受到损害的经营者的赔偿数额,按照其因被侵权所受到的实际损失确定;实际损失难以计算的,按照侵权人因侵权所获得的利益确定。经营者恶意实施侵犯商业秘密行为,情节严重的,可以在按照上述方法确定数额的1倍以上5倍以下确定赔偿数额。赔偿数额还应当包括经营者为制止侵权行为所支付的合理开支。权利人因被侵权所受到的实际损失、侵权人因侵权所获得的利益难以确定的,由人民法院根据侵权行为的情节判决给予权利人500万元以下的赔偿。

 如何查处侵犯商业秘密行为?

经营者以及其他自然人、法人和非法人组织违反法律规定侵犯商业秘密的,由监督检查部门责令停止违法行为,没收违法所得,处 10 万元以上 100 万元以下的罚款;情节严重的,处 50 万元以上 500 万元以下的罚款。

侵犯商业秘密的民事审判程序中举证责任如何分配?

在侵犯商业秘密的民事审判程序中,商业秘密权利人提供初步证据,证明其已经对所主张的商业秘密采取保密措施,且合理表明商业秘密被侵犯,涉嫌侵权人应当证明权利人所主张的商业秘密不属于商业秘密。商业秘密权利人提供初步证据合理表明商业秘密被侵犯,且提供以下证据之一的,涉嫌侵权人应当证明其不存在侵犯商业秘密的行为:

(1)有证据表明涉嫌侵权人有渠道或者机会获取商业秘密,且其使用的信息与该商业秘密实质上相同;

(2)有证据表明商业秘密已经被涉嫌侵权人披露、使用或者有被披露、使用的风险;

(3)有其他证据表明商业秘密被涉嫌侵权人侵犯。

三、植物新品种

什么是植物新品种?

植物新品种,是指对国家植物品种保护名录内经过人工选育或者发现的野生植物加以改良,具备新颖性、特异性、一致性、稳定性和适当命名的植物品种。

2 什么是植物新品种权?

植物新品种权,是指完成育种的单位或个人对其授权的品种依法享有的排他使用权。完成育种的单位或者个人对其授权品种享有排他的独占权。任何单位或者个人未经品种权所有人许可,不得为商业目的生产或者销售该授权品种的繁殖材料,不得为商业目的将该授权品种的繁殖材料重复使用于生产另一品种的繁殖材料。

3 / 植物新品种保护由哪些部门负责?

国务院农业农村、林业和草原行政部门按照职责分工共同负责植物新品种权申请的受理和审查并对符合植物新品种保护条例规定的植物新品种授予植物新品种权。

具言之,农业农村部科技发展中心具体承担农业植物新品种权受理、审查和测试工作。国家林业和草原局科学技术司指导林业和草原知识产权、植物新品种工作,监督管理林业和草原生物遗传资源、转基因生物安全、外来物种。

4 / 植物新品种保护的范围是什么?

根据两部门在植物新品种保护工作上的分工,农业农村部负责农业植物新品种包括粮食、棉花、油料、麻类、糖料、蔬菜(含西甜瓜)、烟草、桑树、茶树、果树(干果除外)、观赏植物(木本除外)、草类、绿肥、草本药材、食用菌、藻类和橡胶树等植物的新品种;国家林业和草原局负责林木、竹、木质藤本、木本观赏植物(包括木本花卉)、果树(干果部分)及木本油料、饮料、调料、木本药材等植物新品种保护工作。目前我国对植物品种权的保护还仅限于植物品种的繁殖材料。对植物育种人权利的保护,保护的对象不是植物品种本身,而是植物育种者应当享有的权利。当前我国正在对《植物新品种保护条例》进行修订,新修订的《植物新品种保护条例》对植物新品种权的保护程度基本达到了1991年《国际植物新品种保护公约》(UPOV)的保护水平。

5 / 植物新品种权申请条件是什么?

申请品种权的植物新品种应当属于国家植物品种保护名录中列举的植物的属或者种。申请品种权的植物新品种应当具备下列条件或特征:

(1)授予品种权的植物新品种应具有新颖性。新颖性,是指申请品种权的植物新品种在申请日前该品种繁殖材料或者收获物未被销售、推广，或者经育种者许可：①在中国境内销售、推广该品种繁殖材料或者收获物未超过1年；②在中国境外销售、推广藤本植物、木本植物品种繁殖材料或者收获物未超过6年，销售、推广其他植物品种繁殖材料或者收获物未超过4年。

（2）授予品种权的植物新品种应当具备特异性。特异性，是指一个植物品种有一个以上特征或者特性明显区别于在递交申请以前的已知品种。

（3）授予品种权的植物新品种应当具备一致性。一致性，是指一个植物品种的特征或者特性除可预期的自然变异外，群体内个体间相关的特征或者特性表现一致。

（4）授予品种权的植物新品种应当具备稳定性。稳定性，是指一个植物品种经过反复繁殖后或者在特定繁殖周期结束时，其相关的特征或者特性保持不变。

（5）授予品种权的植物新品种应当具备适当的名称，并与相同或者相近的植物属或者种中已知品种的名称相区别。

 ## 6　植物新品种权申请流程是什么？

（1）提出申请。中国境内的单位和个人申请品种权的，可以直接或者委托中介服务机构向审批机关提出申请。中国境内的单位和个人申请品种权的植物新品种涉及国家安全或者重大利益需要保密的，应当按照国家有关规定办理。境外机构、个人在中国境内申请品种权的，应当按其所属国或地区和中华人民共和国签订的协议或者共同参加的国际条约办理，或者根据互惠原则，依照植物新品种保护条例办理。

（2）提交材料。申请品种权的，应当通过电子申请网络平台提交申请，同时提交以下材料：①申请文件，包括请求书和说明书；②已完成品种特异性、一致性和稳定性测试（以下称品种测试）的，可提交测试结果；③相关性状有明确关联基因的，可提交该基因的检测结果。

申请文件、测试结果等材料应当使用中文书写。

说明书应当详细说明申请品种的主要特征特性，育种过程和亲本来源，选择的近似品种及理由，新颖性、特异性、一致性、稳定性情况，适宜种植区域,等等。

(3)受理审查。审批机关收到申请文件之日起 3 个月内对品种权申请的下列内容进行受理审查:①是否符合《植物新品种保护条例》第 23 条、第 24 条的规定;②是否符合新颖性的规定;③申请品种的命名是否适当;④申请品种的育种过程及亲本来源是否真实可靠。

对经受理审查合格的品种权申请,审批机关应当予以受理,明确申请日、给予申请号;对经受理审查不合格的品种权申请,审批机关不予受理,并应当通知申请人予以修正。

审批机关对申请文件进行初步审查,经审查合格的发出初步审查合格通知书,并予以公开。

7 / 植物新品种保护的期限有多长?

目前我国规定:藤本植物、林木、果树和观赏树木的品种权保护期限为 20 年,其他 15 年。《植物新品种保护条例》修订草案(送审稿)拟规定,品种权的保护期限,自授权之日起,藤本植物或者木本植物为 25 年,其他植物为 20 年。

8 / 植物新品种权的归属问题如何界定?

(1)职务育种与非职务育种的权利归属。执行本单位的任务或者主要是利用本单位的物质条件所完成的职务育种,植物新品种的申请权属于该单位;非职务育种,植物新品种的申请权属于完成育种的个人。申请被批准后,品种权属于申请人。

(2)委托育种或合作育种的权利归属。委托育种或者合作育种,品种权的归属由当事人在合同中约定;没有合同约定的,品种权属于受委托完成或者共同完成育种的单位或者个人。

(3)最先申请与最先完成者授予品种权。两个以上的申请人分别就一个植物新品种申请品种权时,品种权授予最先申请的人;同时申请的,品种权授予最先完成的人。

四、集成电路布图设计

 什么是集成电路布图设计?

集成电路布图设计,简称布图设计,是指集成电路中至少有一个是有源元件的两个以上元件和部分或者全部互连线路的三维配置,或者为制造集成电路而准备的上述三维配置。

 什么是布图设计专有权?

集成电路布图设计专有权是一项独立的知识产权,是布图设计权权利人对其创作的符合独创性要求的布图设计进行复制和商业利用的专有权利。

 集成电路布图设计权的主体有哪些?

我国自然人、法人或者非法人组织创作的布图设计,依照《集成电路布图设计保护条例》享有布图设计专有权;外国人创作的布图设计首先在我国境内投入商业利用的,依照《集成电路布图设计保护条例》享有布图设计专有权;外国人创作的布图设计,其创作者所属国同中国签订有关布图设计保护协议或者与中国共同参加有关布图设计保护国际条约的,依照《集成电路布图设计保护条例》享有布图设计专有权。

 集成电路布图设计权的客体条件是什么?

集成电路布图设计必须具备独创性。

布图设计应当是作者依靠自己的脑力劳动完成的,设计必须是突破常规的设计或者即使设计者使用常规设计但通过不同的组合方式体现出独创性时,都可以获得法律保护。

5 / 集成电路布图设计权的取得方式有哪些?

目前,世界各国主要采取三种取得方式:自然取得、登记取得、使用与登记取得,大多数国家采取登记取得制。我国也采取登记制度。

6 / 集成电路布图设计权通过哪个平台申请?

集成电路布图设计可通过电子申请平台(http://vlsi. cnipa. gov. cn/home. action)提出申请。

7 / 集成电路布图设计权取得的程序是什么?

(1)申请:向国家知识产权行政部门提交申请文件。

(2)初审。

(3)登记并公告。

(4)对驳回申请的复审。

(5)登记的撤销。

8 / 集成电路布图设计申请阶段需提交的材料及要求有哪些?

登记所需提交资料及要求为:

(1)必须提交的文件:①集成电路布图设计登记申请表一份;②图样一份;③图样的目录一份。

(2)可能需要提交的文件:①布图设计在申请日之前已投入商业利用的,申请登记时应当提交4件样品;②申请人委托代理机构的,还应提交集成电路布图设计登记代理委托书。

(3)此外,申请人还可以提交:①包含该布图设计图样电子件的光盘;②布图设计的简要说明。

9 / **集成电路布图设计申请文件的形式要求有哪些？**

（1）图样。包括该布图设计的总图和分层图，以适合 A4 纸的大小打印在 A4 纸上；每页纸打印一幅图；当图纸有多张时，应顺序编号。

（2）图样的目录。应写明每页图纸的图层名称。

（3）样品。所提交的 4 件集成电路样品应当置于专用器具中，器具表面应当贴上标签，写明申请人的姓名和集成电路布图设计名称。

（4）简要说明。说明该集成电路布图设计的结构、技术、功能和其他需要说明的事项。

（5）光盘。光盘内存有该布图设计图样的电子文件。光盘表面应当写明申请人的姓名和集成电路名称。

10 / **集成电路布图设计专有权的内容有哪些？**

（1）复制权。实际上是重新制作含有该布图设计的集成电路。

（2）商业利用权。商业利用权是指专有权人为商业目的而利用布图设计或含有布图设计的集成电路的权利。但是布图设计权并不包括精神权利（人身权）。

11 / **集成电路布图设计权的行使方式有哪些？**

（1）布图设计权的转让。布图设计权的转让，就是权利人将其全部权利转让给受让人所有。根据我国《集成电路布图设计保护条例》的规定，转让布图设计权的，当事人应当订立书面合同，并向国务院知识产权部门登记并公告。

（2）布图设计权的许可。当事人应当订立书面合同。

12 / **集成电路布图设计专有权的保护期限是多长？**

布图设计专有权的保护期为 10 年，自布图设计登记申请之日或者在世界任何地方首次投入商业利用之日起计算,以较前日期为准;但是,无论是否登记或者投入商业利用,布图设计自创作完成之日起 15 年后,不再受《集成电路布图设计保护条例》的保护。

13 / 集成电路布图设计登记有什么好处?

(1)享有专有权、有效维护合法权益。

(2)获取商用价值。

(3)未经布图设计权利人许可,他人不得:①复制受保护的布图设计的全部或者其中任何具有独创性的部分;②为商业目的进口、销售或者以其他方式提供受保护的布图设计、含有该布图设计的集成电路或者含有该集成电路的物品。有上述行为之一的,被认为侵犯布图设计专有权。行为人必须立即停止侵权行为,并承担赔偿责任。

五、网络域名

1 / 什么是互联网域名?

域名是互联网上的电子地址,是一种为了便利用户记忆、实现对联网计算机进行简便定位的技术目的而存在的互联网络地址的表现形式。域名的英文为 domain name,是互联网(Internet)上一个企业或机构的名字,是互联网上企事业间相互联系的地址。从技术上讲,域名只是一个 Internet 中用于解决 IP 地址对应问题的一种方法。Internet 域名是 Internet 网络上的一个服务器或一个网络系统的名字,在全世界,域名都是唯一的。域名的形式是:由若干个英文字母和数字组成,并由".分隔成几部分。

2 / 如何选择或设计域名?

域名应根据简短、清晰、易记、有意义原则进行选择或设计。

3 / 域名备案指的是什么？

备案是指向主管机关报告事由存案以备查考。

（1）针对有网站的域名。

（2）指到国家信息产业部提交网站的相关信息。

4 / 域名备案的目的是什么？

域名备案的目的就是防止在网上从事非法的网站经营活动，打击不良互联网信息的传播，如果网站不备案的话，很有可能被查处以后关停。

5 / 域名备案的时间需要多少个工作日？

省、自治区、直辖市通信管理局在收到备案人提交的备案材料后，材料齐全的，应在 20 个工作日内予以备案，向其发放备案电子验证标识和备案编号，并通过信息产业部备案管理系统向社会公布有关备案信息；材料不齐全的，不予备案，在 20 个工作日内通知备案人并说明理由。

6 / 域名的保留期限为多长？

国际域名过期 30 天内可以提交续费试试但不保证成功；过期后 30～60 天为赎回期，可以交赎回费用进行赎回，但是也不保证成功；过期后 60～75 天为删除期，这种状态只有等待删除后重新注册。

7 / 国际域名过期后的状态和处理方式是什么？

如果国际域名过期后进入赎回期状态，只能选择办理赎回或者等待域名释放后重新注册。

8 / 域名使用如何续费?

根据中国互联网络信息中心(CNNIC)的要求,从 2007 年 12 月 20 日起,CN 英文域名的续费规则进行了相应的调整:CN 英文域名到期未办理续费业务,域名会进入续费期,在此期间用户的域名将可能暂停原来的解析,直到用户成功续费后方可恢复。CN 到期后 30 天可续费。续费期内如仍未完成续费,域名会进入高价赎回期,域名状态变为"pendingDelete",无法进行信息修改、转移和解析等操作。如用户仍想要该域名,则需要按规定另外缴纳赎回域名的费用;若赎回期内域名没有被赎回,赎回期结束后 60 ~ 75 天为删除期,该域名将被删除。

9 / 不做域名备案有什么后果?

根据中华人民共和国信息产业部第十二次部务会议审议通过的《非经营性互联网信息服务备案管理办法》精神,在中华人民共和国境内提供非经营性互联网信息服务,应当办理备案。未经备案,不得在中华人民共和国境内从事非经营性互联网信息服务。而对于没有备案的网站将予以罚款或关闭。

10 / 如何对互联网域名进行知识产权保护?

域名持有人的域名经域名注册机构注册,依法享有专用权。

我国对域名保护的主要依据是我国《商标法》《反不正当竞争法》,以及《关于审理涉及计算机网络域名民事纠纷案件适用法律若干问题的解释》(以下简称《解释》)等法律法规。《解释》对域名案件的受理、管辖、案由、法律适用及法律责任的承担都作出了规定。在认定是否构成侵权或不正当竞争方面提出必备的四项条件,即:①原告请求保护的民事权益合法有效;②被告域名或其主要部分构成对原告驰名商标的复制、模仿、翻译或音译;或者与原告的注册商标、域名等相同或近似,足以造成相关公众的误认;

③被告对该域名或其主要部分不享有权益,也无注册、使用该域名的正当理由;④被告对该域名的注册、使用具有恶意。

在认定是否具有恶意方面列举了5种情形,即:①为商业目的将他人驰名商标注册为域名的;②为商业目的注册、使用与原告的注册商标、域名等相同或近似的域名,故意造成与原告提供的产品、服务或者原告网站的混淆,误导网络用户访问其网站或其他在线站点的;③曾要约高价出售、出租或者以其他方式转让该域名获取不正当利益的;④注册域名后自己并不使用也未准备使用,而有意阻止权利人注册该域名的;⑤具有其他恶意情形的。但被告举证证明在纠纷发生前其所持有的域名已经获得一定的知名度,且能与原告的注册商标、域名等相区别,或者具有其他情形足以证明其不具有恶意的,人民法院可以不认定被告具有恶意。《解释》还确认人民法院可以对涉案的注册商标是否驰名作出认定。《解释》为正确、及时地审理域名纠纷案件提供了明确的依据。

11／域名与哪些权利可能造成冲突?

与域名有关的权利面临与商标权、地理标志、姓名权、厂商名称权等众多在先权利的冲突。其中以与商标权的冲突最为突出。

第六章 知识产权司法和行政保护

一、知识产权司法保护

知识产权司法保护指什么？

知识产权的司法保护是指对知识产权通过司法途径进行保护，即由享有知识产权的权利人或国家公诉人向法院对侵权人提起刑事、民事的诉讼，以追究侵权人的刑事、民事责任，以及通过不服知识产权行政机关处罚的当事人向法院提起行政诉讼，进行对行政执法的司法审查，以支持正确的行政处罚或纠正错误的处罚，使各方当事人的合法权益都得到切实有效的保护。

2 / 我国知识产权司法保护的对象包括哪些？

知识产权的保护对象是智力成果或是知识商品，是创造性的智力劳动所创造的劳动成果。具体体现在以下几个方面：

（1）著作权和邻接权。著作权，又称版权，是指文学、艺术和科学作品的作者及其相关主体依法对作品所享有的人身权利和财产权利。邻接权在著作权法中被称为"与著作权有关的权益"。著作权和邻接权涉及的保护对象主要有作品、表演、录音录像制品、广播电视节目。

（2）专利权，即自然人、法人或非法人组织依法对发明创造在一定期限内享有的专有权。专利权涉及的保护对象系指发明创造，包括发明、实用新型和外观设计。

（3）商标权，即商标注册人或权利继受人在法定期限内对注册商标依法享有的专有权利。商标权涉及的保护对象主要系指注册商标，即经商标局核准注册的任何能够将自然人、法人或者其他组织的商品与他人的商品区别开的包括文字、图形、字母、数字、三维标志、颜色组合和声音等，以及上述要素的组合的标志，包括商品商标、服务商标和集体商标、证明商标。

（4）地理标志权，是指为国内法或国际条约所确认的或规定的由地理标志保护的相关权利。地理标志权涉及的保护对象是地理标志。

（5）商业秘密权，即民事主体对属于商业秘密的技术信息或经营信息等信息依法享有的专有权利。商业秘密权涉及的保护对象即为商业秘密。

（6）植物新品种权，即完成育种的单位或个人对其授权的品种依法享有的专有权。植物新品种权涉及的保护对象是符合法律规定的植物新品种。

（7）集成电路布图设计权，即自然人、法人或非法人组织依法对集成电路布图设计享有的专有权。集成电路布图设计权涉及的保护对象即为集成电路布图设计。

（8）反不正当竞争权，也称为制止不正当竞争权，即制止经营者在生产经营活动中，违反反不正当竞争法规定，扰乱市场竞争秩序，损害其他经营者或者消费者的合法权益的行为的权利。反不正当竞争权涉及的保护或规制对象在不同国家有所不同，包括字号、包装装潢、域名、商业诋毁、虚假宣传、有奖销售、商业贿赂等。

3 知识产权司法保护有什么意义？

从微观角度看，知识产权司法保护是知识产权保护的最后一道屏障，是知识产权所有者维护自身权益的最后手段。

从宏观的角度看，知识产权司法保护能够提高科学研究成果的潜在收益，是鼓励企业和研究人员在创新上加大投入，构建创新型社会的重要举措。

4 / 我国知识产权司法保护如何确定管辖法院?

我国《民事诉讼法》对知识产权司法保护管辖法院有原则规定。如第22条规定:对公民提起的民事诉讼,由被告住所地人民法院管辖;被告住所地与经常居住地不一致的,由经常居住地人民法院管辖。对法人或者其他组织提起的民事诉讼,由被告住所地人民法院管辖。同一诉讼的几个被告住所地、经常居住地在两个以上人民法院辖区的,各该人民法院都有管辖权。我国《民事诉讼法》第24条规定,因合同纠纷提起的诉讼,由被告住所地或者合同履行地人民法院管辖;第29条规定,因侵权行为提起的诉讼,由侵权行为地或者被告住所地人民法院管辖。知识产权纠纷主要有合同纠纷和侵权纠纷两类。知识产权纠纷管辖法院的确定,既要遵循我国《民事诉讼法》一般原则性规定,又要兼顾到知识产权纠纷的专业性强等特点,合理确定管辖法院。为此,2021年12月27日由最高人民法院审判委员会第1858次会议通过,自2022年5月1日起施行的《最高人民法院关于第一审知识产权民事、行政案件管辖的若干规定》(法释〔2022〕13号)为进一步完善知识产权案件管辖制度,合理定位四级法院审判职能,根据我国《民事诉讼法》《行政诉讼法》等法律规定,结合知识产权审判实践,对知识产权一审民事、行政案件管辖作出了下列规定:

(1)发明专利、实用新型专利、植物新品种、集成电路布图设计、技术秘密、计算机软件的权属、侵权纠纷以及垄断纠纷第一审民事、行政案件由知识产权法院,省、自治区、直辖市人民政府所在地的中级人民法院和最高人民法院确定的中级人民法院管辖。法律对知识产权法院的管辖有规定的,依照其规定。

(2)外观设计专利的权属、侵权纠纷以及涉驰名商标认定第一审民事、行政案件由知识产权法院和中级人民法院管辖;经最高人民法院批准,也可以由基层人民法院管辖,但外观设计专利行政案件除外。

本规定第一条及本条第一款规定之外的第一审知识产权案件诉讼标的额在最高人民法院确定的数额以上的,以及涉及国务院部门、县级以上地方人民政府或者海关行政行为的,由中级人民法院管辖。法律对知识产权法院的管辖有规定的,依照其规定。

(3)本规定第一条、第二条规定之外的第一审知识产权民事、行政案件,由最高人民法院确定的基层人民法院管辖。

(4)对新类型、疑难复杂或者具有法律适用指导意义等知识产权民事、行政案件,上级人民法院可以依照诉讼法有关规定,根据下级人民法院报请或者自行决定提级审理。

确有必要将本院管辖的第一审知识产权民事案件交下级人民法院审理的,应当依照我国《民事诉讼法》第 39 条第 1 款的规定,逐案报请其上级人民法院批准。

同时,《最高人民法院关于印发基层人民法院管辖第一审知识产权民事、行政案件标准的通知》(法〔2022〕109 号)对各地基层法院受理一审知识产权案件标准进行规定和授权。

应当说明的是,第一条规定案件即发明专利、实用新型专利、植物新品种、集成电路布图设计、技术秘密、计算机软件的权属、侵权纠纷以及垄断纠纷第一审民事、行政案件由知识产权法院,省、自治区、直辖市人民政府所在地的中级人民法院和最高人民法院确定的中级人民法院管辖。目前我国已设立 4 家专门知识产权法院,它们是北京知识产权法院、上海知识产权法院、广州知识产权法院和海南自由贸易港知识产权法院,完善了知识产权法院布局,有利于提高案件审判质量、统一裁判标准。我国在 27 地(成都、南京、苏州、武汉、合肥、杭州、宁波、福州、济南、青岛、深圳、西安、天津、长沙、郑州、南昌、长春、兰州、厦门、乌鲁木齐、景德镇、重庆、沈阳、温州、无锡、徐州、泉州)中级人民法院设立了专门知识产权法庭,我国技术类知识产权审理形成了"1+4+27"审判格局,知识产权审判趋向跨区域集中管辖。

5 / 《人民法院知识产权司法保护规划(2021—2025 年)》出台的背景是什么?

2021 年 4 月 22 日,《最高人民法院关于印发〈人民法院知识产权司法保护规划(2021—2025 年)〉的通知》(法发〔2021〕14 号),印发了《人民法院知识产权司法保护规划(2021—2025 年)》(以下简称《知识产权司法保护规划》),要求各省、自治区、直辖市高级人民法院,解放军军事法院,新疆维吾尔自治区高级人民法院生产建设兵团分院,认真贯彻执行。

党的十八大以来,人民法院正确认识和把握知识产权保护工作与国家治理体系和治理能力现代化的关系,与高质量发展的关系,与人民生活幸福的关系,与国家对外开放大局的关系,与国家安全的关系,全面加强知识产权司法保护工作,为贯彻新发展理念、构建新发展格局、推动高质量发展提供有力司法服务和保障,发挥了不可或缺的重要作用。

"十四五"时期是乘势而上开启全面建设社会主义现代化国家新征程、向第二个百年奋斗目标进军的第一个五年。为深入贯彻落实党的十九届五中全会精神和习近平总书记在中央政治局第二十五次集体学习时的重要讲话精神,贯彻落实《中华人民共和国国民经济和社会发展第十四个五年规划和2035年远景目标纲要》,明确知识产权司法保护目标、任务、举措和实施蓝图,制定《知识产权司法保护规划》。这就是《知识产权司法保护规划(2021—2025年)》出台的背景和依据。

6 / 《知识产权司法保护规划》的总体要求是什么?

(1)指导思想。坚持以习近平新时代中国特色社会主义思想为指导,全面贯彻党的十九大和十九届二中、三中、四中、五中全会精神,深入贯彻习近平法治思想,增强"四个意识"、坚定"四个自信"、做到"两个维护"。紧紧围绕"努力让人民群众在每一个司法案件中感受到公平正义"目标,坚持以我为主、人民利益至上、公正合理保护,不断深化知识产权审判领域改革,不断强化知识产权司法保护,不断优化知识产权法治环境,为建设知识产权强国、世界科技强国和全面建设社会主义现代化国家提供坚实司法服务和保障。

(2)基本原则。坚持党对司法工作的绝对领导,把党的领导贯穿人民法院知识产权司法保护工作全过程,确保知识产权司法保护工作发展的正确方向。坚持以人民为中心,更好满足人民群众对公平正义的更高需求,切实增强人民群众获得感幸福感安全感。坚持问题导向,聚焦知识产权司法保护的突出问题和薄弱环节,不断增强知识产权司法保护整体效能。坚持改革创新,以创新的方式保护创新,持续推动知识产权审判事业向高质量发展。坚持开放发展,立足国情,推动构建以国内大循环为主体、国内国际双循环相互促进的新发展格局。

(3)总体目标。到2025年,知识产权专门化审判体系更加健全,知识产权诉讼制度更加完备,知识产权审判质效全面提升,知识产权审判队伍整体素质显著提高,知识产权审判体系和审判能力现代化建设取得实质性进展。知识产权侵权行为惩治力度明显加大,知识产权司法保护状况明显改善,司法公信力、影响力和权威性明显提升,知识产权司法保护社会满意度保持较高水平。具有中国特色、符合创新规律、适应国家发展目标需要的知识产权司法保护制度进一步成熟,知识产权审判激励保护创新、促进科技进步和社会发展的职能作用进一步凸显,服务党和国家工作大局的司法能力进一步增强。

7 《知识产权司法保护规划》是怎样规划充分发挥知识产权审判职能作用的?

(1)加强科技创新成果保护。全面贯彻实施专利法,充分发挥专利等技术类案件集中审理优势,强化司法裁判在科技创新成果保护中的规则引领和价值导向职能,切实增强服务创新驱动发展的能力和实效。加强对专利授权确权行政行为合法性的严格审查,推动行政标准与司法标准统一协调,提升专利授权确权质量。健全有利于专利纠纷实质性解决的审理机制,防止循环诉讼和程序空转,有效缩短审理期限。加大对关键核心技术、新兴产业、重点领域及种源等知识产权司法保护力度,严格落实集成电路布图设计和计算机软件保护制度,推进创新服务体系建设,促进自主创新能力提升,带动技术产业升级。健全大数据、人工智能、基因技术等新领域新业态知识产权司法保护规则,推动关键数字技术创新应用。加大对具有自主知识产权的重大农业科技成果保护力度,严格依法保护种业自主创新,有效保障国家粮食安全。全力提升服务国家重大区域发展战略的司法能力,推动完善区域知识产权快速协同保护机制,推进区域协同创新。

(2)加强著作权和相关权利保护。全面贯彻实施著作权法,充分发挥著作权审判对于优秀文化引领和导向功能,弘扬社会主义核心价值观,促进文化和科学事业发展与繁荣。加大对文化创作者权益保护,准确把握作品认定标准,根据不同领域、不同类型作品特点确定相适应的保护力度,使保护强度与独创性程度、中国国情相协调。依法维护作品传播者合法权益,妥善处理维护著作权集体管理制度和尊重权利人意思自治关系,加强司法保护与行政监管联动协调,促进作品传播利用。妥善处理互联网领域文化创作传播相关著作权保护新问题,完善司法保护规则,加强知识产权互联网领域法治治理。积极研究传统文化、传统知识等领域知识产权保护问题,明确司法保护规则。

(3)加强商业标志保护。加强商标权司法保护,促进知名品牌培育和商品服务贸易发展,提升企业竞争力,推动品牌强国建设。依法严格审查行政裁决合法性,提高商标授权确权行政案件审理质量。加大对恶意抢注、囤积商标等行为惩治力度,促进商标申请注册秩序正常化和规范化。科学合理界定商标权权利边界与保护范围,正确把握注册与使用在商标权保护中的关系,强化商标使用对确定商标权保护范围的作用,积极引导实际使用商标。加强地理标志司法保护,切实遏制侵犯地理标志权利行为,保障区域特色经济发展。

(4)加强反垄断和反不正当竞争审判。加强反垄断和反不正当竞争案件审理工作,强化竞争政策基础地位,适时制定有关司法解释,明确规制各类垄断和不正当竞争行为,消除市场封锁,促进公平竞争。妥善处理互联网领域垄断纠纷,完善平台经济反垄断裁判规则,防止资本无序扩张,推动平台经济规范健康持续发展。加强反不正当竞争法对商业标识的司法保护,解决不同标识之间权利冲突。强化商业秘密司法保护,依法合理确定当事人举证责任,有效遏制侵害商业秘密行为。妥善处理保护商业秘密与人才合理流动关系,依法保护商业秘密的同时,维护劳动者正当就业创业合法权益。依法支持相关行政职能部门履职,形成反垄断和反不正当竞争工作合力。

(5)加大对知识产权侵权行为惩治力度。依法采取行为保全、证据保全、制裁诉讼妨害行为等措施,及时有效阻遏侵权行为,切实降低维权成本。正确把握惩罚性赔偿构成要件,确保惩罚性赔偿制度在司法裁判中精准适用,提高侵权成本,依法惩处严重侵害知识产权行为。遵循罪刑法定原则,按照以审判为中心的刑事诉讼制度要求,正确把握民事纠纷和刑事犯罪界限,依法惩治侵犯知识产权犯罪,充分发挥刑罚威慑、预防和矫正功能。

⑧ 《知识产权司法保护规划》是如何深化知识产权审判领域改革创新的?

(1)完善知识产权专门化审判体系。全面总结最高人民法院知识产权法庭三年试点工作情况,提出进一步改革方案,促进完善技术类知识产权审判,深化国家层面知识产权案件上诉审理机制建设。加强知识产权法院、知识产权法庭建设,深化司法责任制综合配套改革,化解人案矛盾、优化内设机构、构建人才梯队,推动完善知识产权专门化审判机构布局。加强互联网法院知识产权审判功能建设,充分发挥互联网司法引领作用,着力解决信息化时代知识产权保护新问题。

(2)健全知识产权诉讼制度。研究起草符合知识产权案件规律的诉讼规范,完善知识产权案件证据、诉讼程序等相关规定。优化知识产权民事、行政案件协同推进机制,推动行政确权案件和民事侵权案件在程序衔接、审理机制、裁判标准等方面相互协调。完善知识产权案件管辖制度,根据案件情况和审判需要依法适当调整管辖布局,加强特定类型案件集中管辖。完善多元化技术事实查明机制,加强技术调查人才库建设,充分发挥人才共享机制功能。大力倡导诚信诉讼,严厉制裁毁损、隐匿和伪造证据等行为,有效规制滥用权利、恶意诉讼,进一步完善知识产权诉讼诚信体系建设。

(3)深化知识产权审判"三合一"改革。推动完善知识产权刑事案件管辖布局,积极构建与知识产权"三合一"审判机制相适应的管辖制度,推动知识产权法院审理知识产权刑事案件。加强与公安机关、检察机关在知识产权刑事司法程序方面沟通协调,建立和完善联络机制。完善知识产权民事、行政和刑事诉讼程序衔接,确保裁判结果内在协调统一。优化知识产权刑事自诉程序,充分保障知识产权权利人合法权益。

(4)深入推进案件繁简分流改革。积极推进知识产权案件繁简分流,完善简易程序规则,推动简单知识产权类案件适用小额诉讼程序,探索简单商标授权确权类行政案件适用独任制审理。根据知识产权案件审判特点,完善不同诉讼程序、诉调程序之间转换机制和规则。加强和规范在线诉讼,简化常见简单案件裁判文书格式。提升知识产权类纠纷诉前调解质量,优化调解案件司法确认程序,促进纠纷实质性化解。

9 **《知识产权司法保护规划》是如何建立优化知识产权保护工作机制的?**

(1)完善统一法律适用标准机制。充分发挥司法审查监督和指引功能,促进知识产权行政执法标准和司法裁判标准统一。健全以司法解释、司法政策为引领、以指导性案例为指引、以典型案例为参考的知识产权审判指导体系,优化专业法官会议制度,完善类案和新类型案件检索制度,构建统一法律适用标准机制。深化智慧法院建设,完善知识产权案例和裁判文书数据库深度应用,充分运用人工智能等信息化手段促进裁判标准统一。

(2)健全多元化纠纷解决机制。充分依托人民法院调解平台,大力推进知识产权纠纷在线诉调对接机制,切实将非诉讼纠纷解决机制挺在前面。坚持和发展新时代"枫桥经验",提供优质司法服务,有效推动知识产权纠纷综合治理、源头治理。加强与知识产权行政职能部门、仲裁机构、行业协会、调解组织等协调配合,因地制宜创新知识产权解纷方式,满足人民群众多元高效便捷的纠纷解决需求。

(3)强化行政执法和司法衔接机制。加强知识产权信息化、智能化基础设施建设,推动与国家市场监督管理总局、国家知识产权局等部门建立信息资源共享机制,推进最高人民法院与中央有关部门数据专线连接工作。进一步推动知识产权保护线上线下融合发展,加强与知识产权行政职能部门协同配合,积极参与构建知识产权大保护工作格局。

(4)深化知识产权国际合作竞争机制。加强涉外知识产权审判,妥善审理与国际贸易有关的重大知识产权纠纷,依法平等保护中外权利人合法权益。推进我国知识产权有关法律规定域外适用,切实保护我国公民、企业境外安全和合法权益。强化国际司法合作协作,妥善解决国际平行诉讼,维护知识产权领域国家安全。深化同其他国家和地区知识产权司法合作,积极促进知识共享。积极参与知识产权司法领域全球治理,通过司法裁判推动完善相关国际规则和标准。

10 《知识产权司法保护规划》强化知识产权审判保障的重要措施有哪些?

(1)加强政治和组织保障。坚持以习近平新时代中国特色社会主义思想武装头脑、指导实践、推动工作,始终把党的政治建设摆在首位,筑牢服务国家大局意识,坚决捍卫国家主权和核心利益。完善工作机制,加强对下监督指导,增强与有关职能部门沟通协调,确保各项知识产权司法保护工作落地见效。严格落实防止干预司法"三个规定"等铁规禁令,健全知识产权领域审判权运行和监督制约机制,扎实开展法院队伍教育整顿,确保忠诚干净担当。

(2)加强队伍和人才保障。对标对表习近平总书记提出的"七种能力"要求,立足知识产权审判实际和岗位职责,全面提升队伍的革命化、正规化、专业化、职业化。完善知识产权审判人才储备和遴选机制,加强优秀人才选拔,重视培养符合"三合一"审判要求的复合型人才,注重增强队伍稳定性。建立不同法院、不同审判部门形式多样的人员交流机制,有计划选派综合素质高、专业能力强、有培养潜力的知识产权法官到有关部门挂职。

(3)加强科技和信息化保障。充分运用智慧法院建设成果,实现信息化建设与知识产权审判深度融合,推进上下级人民法院知识产权类案件办案系统互联互通、业务协同、资源共享。进一步提升案件审理电子化水平,实现电子卷宗在线归档、互联网查阅。充分发挥一站式诉讼服务中心功能,大力推进知识产权案件跨区域立案、网上立案、电子送达、在线开庭等信息化技术普及应用。加强司法大数据充分汇集、智能分析和有效利用,为知识产权相关决策提供参考。

各级人民法院要全面准确贯彻落实本规划要求,结合实际制定实施方案,明确分工,压实责任,务求实效。最高人民法院将统筹协调,加强指导,推进落实,确保规划各项措施落到实处。

二、知识产权行政保护

（一）知识产权管理部门的行政保护

我国《专利法》《商标法》《著作权法》《种子法》和《集成电路布图设计保护条例》等法律法规都授予了相关知识产权管理部门行政保护权和处罚权。此外,我国知识产权行政保护还包括海关、展会知识产权保护。

1 / 对未经许可实施其专利的纠纷,我国专利行政管理部门

行政保护的职责和权限是什么?

根据我国《专利法》第 3 条的授权,国务院专利行政部门即国家知识产权局负责管理全国的专利工作;统一受理和审查专利申请,依法授予专利权。省、自治区、直辖市人民政府管理专利工作的部门即市场监督管理局或知识产权局负责本行政区域内的专利管理工作。

根据我国《专利法》第 65 条的规定和授权,国家知识产权局、地方知识产权局的知识产权行政保护职责主要有:

(1)处理未经专利权人许可实施其专利的纠纷。管理专利工作的部门处理时,认定侵权行为成立的,可以责令侵权人立即停止侵权行为,当事人不服的,可以自收到处理通知之日起 15 日内依照我国《行政诉讼法》向人民法院起诉;侵权人期满不起诉又不停止侵权行为的,管理专利工作的部门可以申请人民法院强制执行。

(2)进行处理的管理专利工作的部门应当事人的请求,可以就侵犯专利权的赔偿数额进行调解;调解不成的,当事人可以依照我国《民事诉讼法》向人民法院起诉。

国务院专利行政部门即国家知识产权局可以应专利权人或者利害关系人的请求处理在全国有重大影响的专利侵权纠纷。

地方人民政府管理专利工作的部门即地方知识产权局应专利权人或者利害关系人请求处理专利侵权纠纷,对在本行政区域内侵犯其同一专利权的案件可以合并处理;对跨区域侵犯其同一专利权的案件可以请求上级地方人民政府管理专利工作的部门即上级知识产权局处理。

2 ／ **我国专利行政管理执法部门对假冒专利行为有哪些行政处罚措施？**

假冒专利行为除依法承担民事责任外,还要由负责专利执法的部门责令改正并予公告,没收违法所得,可以处违法所得五倍以下的罚款;没有违法所得或者违法所得在 5 万元以下的,可以处 25 万元以下的罚款;构成犯罪的,依法追究刑事责任。

3 ／ **我国专利执法部门对涉嫌假冒专利行为进行查处有权采取的措施有哪些？**

我国负责专利执法的部门根据已经取得的证据,对涉嫌假冒专利行为进行查处时,有权采取下列措施:

(1)询问有关当事人,调查与涉嫌违法行为有关的情况。

(2)对当事人涉嫌违法行为的场所实施现场检查。

(3)查阅、复制与涉嫌违法行为有关的合同、发票、账簿以及其他有关资料。

(4)检查与涉嫌违法行为有关的产品。

(5)对有证据证明是假冒专利的产品,可以查封或者扣押。

管理专利工作的部门应专利权人或者利害关系人的请求处理专利侵权纠纷时,可以采取第(1)项、第(2)项、第(4)项所列措施。

负责专利执法的部门、管理专利工作的部门依法行使前两款规定的职权时,当事人应当予以协助、配合,不得拒绝、阻挠。

4 ／ **对侵犯注册商标专用权行为我国商标行政管理部门有哪些职责和权限？**

根据我国《商标法》第 60 条的规定,对侵犯注册商标专用权行为引起纠纷的,可以请求工商行政管理部门处理。根据国务院机构改革方案,工商行政管理局商标局并入国家知识产权局,国家知识产权局设立国家知识产权局商标局。地方知识产权局下设商标管理事务部门。为了与专利管理部门进行适当区分,下称商标行政管理部门。

商标行政管理部门处理时,认定侵权行为成立的,责令立即停止侵权行为,没收、销毁侵权商品和主要用于制造侵权商品、伪造注册商标标识的工具,违法经营额 5 万元以上的,可以处违法经营额 5 倍以下的罚款,没有违法经营额或者违法经营额不足 5 万元的,可以处 25 万元以下的罚款。对 5 年内实施两次以上商标侵权行为或者有其他严重情节的,应当从重处罚。销售不知道是侵犯注册商标专用权的商品,能证明该商品是自己合法取得并说明提供者的,由工商行政管理部门责令停止销售。

对侵犯商标专用权的赔偿数额的争议,当事人可以请求进行处理的商标行政管理部门调解,也可以依照我国《民事诉讼法》向人民法院起诉。经商标行政管理部门调解,当事人未达成协议或者调解书生效后不履行的,当事人可以依照我国《民事诉讼法》向人民法院起诉。

5 / 对侵犯注册商标专用权的行为,商标行政管理部门是否有权查处?

对侵犯注册商标专用权的行为,工商行政管理部门有权依法查处;涉嫌犯罪的,应当及时移送司法机关依法处理。

6 / 商标行政管理部门在查处涉嫌侵犯注册商标专用权时的职权有哪些?

县级以上工商行政管理部门根据已经取得的违法嫌疑证据或者举报,对涉嫌侵犯他人注册商标专用权的行为进行查处时,可以行使下列职权:

(1)询问有关当事人,调查与侵犯他人注册商标专用权有关的情况。

(2)查阅、复制当事人与侵权活动有关的合同、发票、账簿以及其他有关资料。

（3）对当事人涉嫌从事侵犯他人注册商标专用权活动的场所实施现场检查。

（4）检查与侵权活动有关的物品，对有证据证明是侵犯他人注册商标专用权的物品，可以查封或者扣押。

工商行政管理部门依法行使前款规定的职权时，当事人应当予以协助、配合，不得拒绝、阻挠。

在查处商标侵权案件过程中，对商标权属存在争议或者权利人同时向人民法院提起商标侵权诉讼的，工商行政管理部门可以中止案件的查处。中止原因消除后，应当恢复或者终结案件查处程序。

 商标行政管理部门对商标代理机构的违法违规行为应当如何处罚？

商标代理机构有下列行为之一的，由工商行政管理部门责令限期改正，给予警告，处 1 万元以上 10 万元以下的罚款；对直接负责的主管人员和其他直接责任人员给予警告，处 5 千元以上 5 万元以下的罚款；构成犯罪的，依法追究刑事责任：

（1）办理商标事宜过程中，伪造、变造或者使用伪造、变造的法律文件、印章、签名的。

（2）以诋毁其他商标代理机构等手段招徕商标代理业务或者以其他不正当手段扰乱商标代理市场秩序的。

（3）违反我国《商标法》第 4 条，第 19 条第 3 款、第 4 款规定的。

商标代理机构有前款规定行为的，由工商行政管理部门记入信用档案；情节严重的，商标局、商标评审委员会并可以决定停止受理其办理商标代理业务，予以公告。

商标代理机构违反诚实信用原则，侵害委托人合法利益的，应当依法承担民事责任，并由商标代理行业组织按照章程规定予以惩戒。

对恶意申请商标注册的，根据情节给予警告、罚款等行政处罚；对恶意提起商标诉讼的，由人民法院依法给予处罚。

8 / **对严重的侵犯著作权行为国家和地方著作权主管部门有哪些处罚权限？**

国家著作权主管部门负责全国的著作权管理工作；县级以上地方主管著作权的部门负责本行政区域的著作权管理工作。

根据我国《著作权法》第53条规定，有该条所列8种严重侵犯著作权行为的，即侵权行为同时损害公共利益的，由主管著作权的部门责令停止侵权行为，予以警告，没收违法所得，没收、无害化销毁处理侵权复制品以及主要用于制作侵权复制品的材料、工具、设备等，违法经营额5万元以上的，可以并处违法经营额1倍以上5倍以下的罚款；没有违法经营额、违法经营额难以计算或者不足5万元的，可以并处25万元以下的罚款；构成犯罪的，依法追究刑事责任。

9 / **主管著作权的部门查处侵权行为时可以采取哪些执法措施？**

主管著作权的部门对涉嫌侵犯著作权和与著作权有关的权利的行为进行查处时，可以询问有关当事人，调查与涉嫌违法行为有关的情况；对当事人涉嫌违法行为的场所和物品实施现场检查；查阅、复制与涉嫌违法行为有关的合同、发票、账簿以及其他有关资料；对于涉嫌违法行为的场所和物品，可以查封或者扣押。

主管著作权的部门依法行使前款规定的职权时，当事人应当予以协助、配合，不得拒绝、阻挠。

10 / **县级以上农村农业、林业草原主管部门对侵犯植物新品种权纠纷的职权是什么？**

我国《种子法》第3条规定，国务院农业农村、林业草原主管部门分别主管全国农作物种子和林木种子工作；县级以上地方人民政府农业农村、林业草原主管部门分别主管本行政区域内农作物种子和林木种子工作。各级人民政府及其有关部门应当采取措施，加强种子执法和监督，依法惩处侵害农民权益的种子违法行为。

国家实行植物新品种保护制度。对国家植物品种保护名录内经过人工选育或者发现的野生植物加以改良，具备新颖性、特异性、一致性、稳定性和适当命名的植物品种，由国务院农业农村、林业草原主管部门授予植物新品种权，保护植物新品种权所有人的合法权益。

违反我国《种子法》规定，有侵犯植物新品种权行为的，植物新品种权所有人或者利害关系人可以请求县级以上人民政府农业农村、林业草原主管部门进行处理。

县级以上人民政府农业农村、林业草原主管部门，根据当事人自愿的原则，对侵犯植物新品种权所造成的损害赔偿可以进行调解。调解达成协议的，当事人应当履行。

11 / 县级以上农业农村、林业草原主管部门处理侵犯植物新品种权案件时有哪些处罚措施？

县级以上人民政府农业农村、林业草原主管部门处理侵犯植物新品种权案件时，为了维护社会公共利益，责令侵权人停止侵权行为，没收违法所得和种子；货值金额不足 5 万元的，并处 1 万元以上 25 万元以下罚款；货值金额 5 万元以上的，并处货值金额 5 倍以上 10 倍以下罚款。

假冒授权品种的，由县级以上人民政府农业农村、林业草原主管部门责令停止假冒行为，没收违法所得和种子；货值金额不足 5 万元的，并处 1 万元以上 25 万元以下罚款；货值金额 5 万元以上的，并处货值金额 5 倍以上 10 倍以下罚款。

12 / 国家知识产权局对侵犯集成电路布图设计专有权行为的管理职责是什么？

根据《集成电路布图设计保护条例》第 6 条的授权，国务院知识产权行政部门即国家知识产权局依照该条例的规定，负责布图设计专有权的有关管理工作。

对侵犯布图设计专有权引起纠纷的，当事人可以请求国务院知识产权行政部门处理。国务院知识产权行政部门处理时，认定侵权行为成立的，可以责令侵权人立即停止侵权行为，没收、销毁侵权产品或者物品。当事人不服的，可以自收到处理通知之日起 15 日内依照我国《行政诉讼法》向人民法院起诉；侵权人期满不起诉又不停止侵权行为的，国务院知识产权行政部门可以请求人民法院强制执行。应当事人的请求，国务院知识产权行政部门可以就侵犯布图设计专有权的赔偿数额进行调解；调解不成的，当事人可以依照我国《民事诉讼法》向人民法院起诉。

三、海关知识产权保护

知识产权海关保护也叫知识产权的边境保护。1994 年 9 月，我国开始对知识产权实施边境保护。目前，我国海关已经建立起一套包括报关单证审核、进出口货物检验、对侵权货物的扣留和调查、对违法进出口人进行处罚以及对侵权货物进行处置等环节在内的完善的知识产权执法制度。1995年 10 月，我国首次颁布实施《中华人民共和国知识产权海关保护条例》，开始建立符合世界贸易组织规则的知识产权边境保护制度。2003 年 12 月 2日国务院令第 395 号发布的已经于 2003 年 11 月 26 日国务院第 30 次常务会议上通过，自 2004 年 3 月 1 日起施行的《中华人民共和国知识产权海关保护条例》废止了 1995 年 7 月 5 日国务院发布的《中华人民共和国知识产权海关保护条例》。目前施行的《中华人民共和国知识产权海关保护条例》已经根据 2010 年 3 月 17 日国务院第 103 次常务会议通过的《国务院关于修改〈中华人民共和国知识产权海关保护条例〉的决定》进行修订①，自 2010 年 4月 1 日起施行。根据中华人民共和国国务院颁布的《中华人民共和国知识产权海关保护条例》(以下简称《知识产权海关保护条例》)第 2 条的规定，我国海关保护的知识产权应当是与进出口货物有关并受中华人民共和国法

---

① 根据 2018 年 3 月 19 日《国务院关于修改和废止部分行政法规的决定》第二次修订。

律、行政法规保护的商标专用权、著作权和与著作权有关的权利、专利权。此外,根据《奥林匹克标志保护条例》和《世界博览会标志保护条例》的规定,我国海关也应当对奥林匹克标志和世界博览会标志实施保护。

 什么是知识产权海关保护?

知识产权海关保护是指海关为禁止侵犯知识产权的货物进出口,对与进出口货物有关并受中华人民共和国法律、行政法规保护的商标专用权、著作权和与著作权有关的权利、专利权依照国家有关规定实施的保护。

知识产权权利人也可主动请求海关实施知识产权保护,但应事先向海关提出采取保护措施的申请。

进口货物的收货人或者其代理人、出口货物的发货人或者其代理人应当按照国家规定,向海关如实申报与进出口货物有关的知识产权状况,并提交有关证明文件。

海关实施知识产权保护时,有义务保守有关当事人的商业秘密。

 知识产权海关保护模式有哪些?

中国海关对知识产权的保护可以划分为"依申请保护"和"依职权保护"两种模式:

依申请保护,是指知识产权权利人发现侵权嫌疑货物即将进出口时,根据《知识产权海关保护条例》第 12 条、13 条和 14 条的规定向海关提出采取保护措施的申请,由海关对侵权嫌疑货物实施扣留的措施。由于海关对依法申请扣留的侵权嫌疑货物不进行调查,知识产权权利人需要就有关侵权纠纷向人民法院起诉,所以依申请保护也被称作海关对知识产权的"被动保护"模式。

依职权保护,是指海关在监管过程中发现进出口货物有侵犯在海关总署备案的知识产权的嫌疑时,根据《知识产权海关保护条例》第 16 条的规定,主动中止货物的通关程序并通知有关知识产权权利人,并根据知识产权权利人的申请对侵权嫌疑货物实施扣留的措施("依职权"一词源于《与贸易有关的知识产权协议》中的 ex-officio)。由于海关依职权扣留侵权嫌疑货物属于主动采取制止侵权货物进出口,而且海关还有权对货物的侵权状况进行调查和对有关当事人进行处罚,所以依职权保护也被称作海关对知识产权的"主动保护"模式。

 知识产权海关保护前提是什么?

知识产权权利人向海关申请采取依职权保护措施前,应当按照《知识产权海关保护条例》第 7 条的规定,将其知识产权及其他有关情况向海关总署进行备案。

受理知识产权备案申请的部门是海关总署政策法规司知识产权保护处。

知识产权海关备案的申请材料都有什么?

知识产权权利人可以依照《知识产权海关保护条例》的规定,将其知识产权向海关总署申请备案;申请备案的,应当提交申请书。申请书应当包括下列内容:

(1)知识产权权利人的名称或者姓名、注册地或者国籍等;

(2)知识产权的名称、内容及其相关信息;

(3)知识产权许可行使状况;

(4)知识产权权利人合法行使知识产权的货物的名称、产地、进出境地海关、进出口商、主要特征、价格等;

(5)已知的侵犯知识产权货物的制造商、进出口商、进出境地海关、主要特征、价格等。

申请书内容有证明文件的,知识产权权利人应当附送证明文件,如作品登记证、注册商标证、发明专利证书、实用新型专利证书、外观设计专利证书等。

5 / **知识产权海关备案的有效期多长时间?**

知识产权海关保护备案自海关总署准予备案之日起生效,有效期为10年。

知识产权有效的,知识产权权利人可以在知识产权海关保护备案有效期届满前6个月内,向海关总署申请续展备案。每次续展备案的有效期为10年。

知识产权海关保护备案有效期届满而不申请续展或者知识产权不再受法律、行政法规保护的,知识产权海关保护备案随即失效。

6 / **扣留侵权嫌疑货物的申请是否需提供担保?**

知识产权权利人请求海关扣留侵权嫌疑货物的,应当向海关提供不超过货物等值的担保,用于赔偿可能因申请不当给收货人、发货人造成的损失,以及支付货物由海关扣留后的仓储、保管和处置等费用;知识产权权利人直接向仓储商支付仓储、保管费用的,从担保中扣除。具体办法由海关总署制定。

海关依照《知识产权海关保护条例》的规定扣留侵权嫌疑货物,知识产权权利人应当支付有关仓储、保管和处置等费用。知识产权权利人未支付有关费用的,海关可以从其向海关提供的担保金中予以扣除,或者要求担保人履行有关担保责任。

侵权嫌疑货物被认定为侵犯知识产权的,知识产权权利人可以将其支付的有关仓储、保管和处置等费用计入其为制止侵权行为所支付的合理开支。

7 / **提出扣留侵权嫌疑货物的申请之后海关如何处理?**

知识产权权利人申请扣留侵权嫌疑货物,符合《知识产权海关保护条例》第13条的规定,并依照该条例第14条的规定提供担保的,海关应当扣留侵权嫌疑货物,书面通知知识产权权利人,并将海关扣留凭单送达收货人或者发货人。

知识产权权利人申请扣留侵权嫌疑货物,不符合《知识产权海关保护条例》第13条的规定,或者未依照该条例第14条的规定提供担保的,海关应当驳回申请,并书面通知知识产权权利人。

海关发现进出口货物有侵犯备案知识产权嫌疑的,应当立即书面通知知识产权权利人。知识产权权利人自通知送达之日起3个工作日内依照该条例第13条的规定提出申请,并依照该条例第14条的规定提供担保的,海关应当扣留侵权嫌疑货物,书面通知知识产权权利人,并将海关扣留凭单送达收货人或者发货人。知识产权权利人逾期未提出申请或者未提供担保的,海关不得扣留货物。

知识产权权利人在向海关提出采取保护措施的申请后,可以依照我国《商标法》《著作权法》或者《专利法》的规定,在起诉前就被扣留的侵权嫌疑货物向人民法院申请采取责令停止侵权行为或者财产保全的措施。

海关收到人民法院有关责令停止侵权行为或者财产保全的协助执行通知的,应当予以协助。

8 / 被海关扣留侵权嫌疑货物后采取何种处理方式?

收货人或者发货人认为其货物未侵犯知识产权权利人的知识产权的,应当向海关提出书面说明并附送相关证据。

涉嫌侵犯专利权货物的收货人或者发货人认为其进出口货物未侵犯专利权的,可以在向海关提供货物等值的担保金后,请求海关放行其货物。知识产权权利人未能在合理期限内向人民法院起诉的,海关应当退还担保金。

9 / 侵权嫌疑货物被海关认定侵权后的处置方式是什么?

被扣留的侵权嫌疑货物,经海关调查后认定侵犯知识产权的,由海关予以没收。

海关没收侵犯知识产权货物后,应当将侵犯知识产权货物的有关情况书面通知知识产权权利人。

被没收的侵犯知识产权货物可以用于社会公益事业的,海关应当转交给有关公益机构用于社会公益事业;知识产权权利人有收购意愿的,海关可以有偿转让给知识产权权利人。被没收的侵犯知识产权货物无法用于社会公益事业且知识产权权利人无收购意愿的,海关可以在消除侵权特征后依法拍卖;侵权特征无法消除的,海关应当予以销毁。

个人携带或者邮寄进出境的物品,超出自用、合理数量,并侵犯《知识产权海关保护条例》第2条的规定的知识产权的,由海关予以没收。

海关接受知识产权保护备案和采取知识产权保护措施的申请后,因知识产权权利人未提供确切情况而未能发现侵权货物、未能及时采取保护措施或者采取保护措施不力的,由知识产权权利人自行承担责任。

知识产权权利人请求海关扣留侵权嫌疑货物后,海关不能认定被扣留的侵权嫌疑货物侵犯知识产权权利人的知识产权,或者人民法院判定不侵犯知识产权权利人的知识产权的,知识产权权利人应当依法承担赔偿责任。

进口或者出口侵犯知识产权货物,构成犯罪的,依法追究刑事责任。

四、展会知识产权保护

 ／　如何理解和把握展会知识产权保护?

展会知识产权保护系指在中华人民共和国境内举办的各类经济技术贸易展览会、展销会、博览会、交易会、展示会等活动中有关专利、商标、版权等的保护。展会知识产权保护中,展会管理部门、展会主办方、参展方对展会知识产权保护应各司其职,共同做好知识产权保护工作。

展会管理部门应加强对展会期间知识产权保护的协调、监督、检查,维护展会的正常交易秩序。展会主办方应当依法维护知识产权权利人的合法权益。

展会主办方在招商招展时,应加强对参展方有关知识产权的保护和对参展项目(包括展品、展板及相关宣传资料等)的知识产权状况的审查。在展会期间,展会主办方应当积极配合知识产权行政管理部门的知识产权保护工作。展会主办方可通过与参展方签订参展期间知识产权保护条款或合同的形式,加强展会知识产权保护工作。展会主办方对展会知识产权保护不力的,展会管理部门应对主办方给予警告,并视情节依法对其再次举办相关展会的申请不予批准。

参展方应当合法参展,不得侵犯他人知识产权,并应对知识产权行政管理部门或司法部门的调查予以配合。参展方侵权成立的,展会管理部门可依法对有关参展方予以公告;参展方连续两次以上侵权行为成立的,展会主办方应禁止有关参展方参加下一届展会。

为加强展会期间知识产权保护工作,维护会展业秩序,推动会展业的健康发展,2006 年 1 月 13 日商务部制定、发布《展会知识产权保护办法》,自2006 年 3 月 1 日起施行。展会知识产权保护办法全文包括总则、投诉处理、展会期间专利保护、展会期间商标保护等共 7 章 35 条。

② / 会展期间如何进行知识产权侵权投诉?

知识产权权利人可以向展会知识产权投诉机构投诉也可直接向知识产权行政管理部门投诉。展会时间在 3 天以上(含 3 天),展会管理部门认为有必要的,展会主办方应在展会期间设立知识产权投诉机构。设立投诉机构的,展会举办地知识产权行政管理部门应当派员进驻,并依法对侵权案件进行处理。未设立投诉机构的,展会举办地知识产权行政管理部门应当加强对展会知识产权保护的指导、监督和有关案件的处理,展会主办方应当将展会举办地的相关知识产权行政管理部门的联系人、联系方式等在展会场馆的显著位置予以公示。展会知识产权投诉机构应由展会主办方、展会管理部门、专利、商标、版权等知识产权行政管理部门的人员组成,其职责包括:接受知识产权权利人的投诉,暂停涉嫌侵犯知识产权的展品在展会期间展出;将有关投诉材料移交相关知识产权行政管理部门;协调和督促投诉的处理;对展会知识产权保护信息进行统计和分析;其他相关事项。

权利人向投诉机构投诉的,应当提交以下材料:

(1)合法有效的知识产权权属证明:涉及专利的,应当提交专利证书、专利公告文本、专利权人的身份证明、专利法律状态证明;涉及商标的,应当提交商标注册证明文件,并由投诉人签章确认,商标权利人身份证明;涉及著作权的,应当提交著作权权利证明、著作权人身份证明。

(2)涉嫌侵权当事人的基本信息。

(3)涉嫌侵权的理由和证据。

(4)委托代理人投诉的,应提交授权委托书。

知识产权权利人投诉还要注意下列事项和问题:①投诉人必须按照要求向投诉机构提供材料。提供材料不符合规定要求的,展会知识产权投诉机构应当及时通知投诉人或者请求人补充有关材料。未予补充的,不予接受。②投诉人提交的材料必须具有真实性。投诉人提交虚假投诉材料或其他因投诉不实给被投诉人带来损失的,应当承担相应法律责任。

 展会知识产权投诉机构如何处理知识产权投诉?

展会知识产权投诉机构在收到符合规定的投诉材料后,应于 24 小时内将其移交有关知识产权行政管理部门。

地方知识产权行政管理部门受理投诉或者处理请求的,应当通知展会主办方,并及时通知被投诉人或者被请求人。

在处理侵犯知识产权的投诉或者请求程序中,地方知识产权行政管理部门可以根据展会的展期指定被投诉人或者被请求人的答辩期限。

被投诉人或者被请求人提交答辩书后,除非有必要作进一步调查,地方知识产权行政管理部门应当及时作出决定并送交双方当事人。但被投诉人或者被请求人逾期未提交答辩书的,不影响地方知识产权行政管理部门作出决定。

展会结束后,相关知识产权行政管理部门应当及时将有关处理结果通告展会主办方。展会主办方应当做好展会知识产权保护的统计分析工作,并将有关情况及时报展会管理部门。

 展会期间如何进行专利保护?

展会期间除有①投诉人或者请求人已经向人民法院提起专利侵权诉讼

的;②专利权正处于无效宣告请求程序之中的;③专利权存在权属纠纷,正处于人民法院的审理程序或者管理专利工作的部门的调解程序之中的;④专利权已经终止,专利权人正在办理权利恢复的四种情况之一,地方知识产权管理部门对侵犯专利权的投诉或者处理请求不予受理外,展会投诉机构需要地方知识产权管理部门协助的,地方知识产权管理部门应当积极配合,参与展会知识产权保护工作。地方知识产权管理部门在展会期间的工作可以包括:

(1)接受展会投诉机构移交的关于涉嫌侵犯专利权的投诉,依照专利法律法规的有关规定进行处理。

(2)受理展出项目涉嫌侵犯专利权的专利侵权纠纷处理请求,依照我国《专利法》第65条的规定进行处理。

(3)受理展出项目涉嫌假冒他人专利的举报,或者依职权查处展出项目中假冒他人专利的行为,依据我国《专利法》第68条的规定进行处罚。

地方知识产权管理部门在通知被投诉人或者被请求人时,可以即行调查取证,查阅、复制与案件有关的文件,询问当事人,采用拍照、摄像等方式进行现场勘验,也可以抽样取证。

地方知识产权管理部门收集证据应当制作笔录,由承办人员、被调查取证的当事人签名盖章。被调查取证的当事人拒绝签名盖章的,应当在笔录上注明原因;有其他人在现场的,也可同时由其他人签名。

⑤ / 展会期间如何进行商标保护?

展会期间除有①投诉人或者请求人已经向人民法院提起商标侵权诉讼的;②商标权已经无效或者被撤销的两种情形之一的,地方知识产权管理部门对侵犯商标专用权的投诉或者处理请求不予受理外,展会投诉机构需要地方知识产权管理部门协助的,地方知识产权管理部门应当积极配合,参与展会知识产权保护工作。地方知识产权管理部门在展会期间的工作可以包括:

(1)接受展会投诉机构移交的关于涉嫌侵犯商标权的投诉,依照商标法律法规的有关规定进行处理。

（2）受理符合我国《商标法》第 57 条的规定的侵犯商标专用权的投诉。

（3）依职权查处商标违法案件。

地方知识产权管理部门决定受理后，可以根据商标法律法规等相关规定进行调查和处理。

6 展会期间如何进行著作权保护？

展会投诉机构需要地方主管著作权的部门协助的，地方主管著作权的部门应当积极配合，参与展会知识产权保护工作。地方主管著作权的部门在展会期间的工作可以包括：

（1）接受展会投诉机构移交的关于涉嫌侵犯著作权的投诉，依照著作权法律法规的有关规定进行处理。

（2）受理符合我国《著作权法》第 53 条的规定的侵犯著作权的投诉，根据著作权法的有关规定进行处罚。

地方著作权管理部门在受理投诉或请求后，可以采取以下手段收集证据：①查阅、复制与涉嫌侵权行为有关的文件档案、账簿和其他书面材料；②对涉嫌侵权复制品进行抽样取证；③对涉嫌侵权复制品进行登记保存。

7 展会期间如何处理投诉的知识产权侵权行为？

展会期间对涉嫌侵犯知识产权的投诉，地方知识产权管理部门认定侵权成立的，应会同会展管理部门依法对参展方进行处理。

（1）对涉嫌侵犯发明或者实用新型专利权的处理请求，地方知识产权局认定侵权成立的，应当依据我国《专利法》第 11 条第 1 款关于禁止许诺销售行为的规定以及我国《专利法》第 65 条关于责令侵权人立即停止侵权行为的规定作出处理决定，责令被请求人从展会上撤出侵权展品，销毁介绍侵权展品的宣传材料，更换介绍侵权项目的展板。

对涉嫌侵犯外观设计专利权的处理请求，被请求人在展会上销售其展品，地方知识产权局认定侵权成立的，应当依据我国《专利法》第 11 条第 2 款关于禁止销售行为的规定以及第 65 条关于责令侵权人立即停止侵权行为的规定作出处理决定,责令被请求人从展会上撤出侵权展品。

在展会期间假冒他人专利的,地方知识产权局应当依据我国《专利法》第68条的规定进行处罚。

(2)对有关商标案件的处理请求,地方市场监督部门或知识产权管理部门认定侵权成立的,应当根据我国《商标法》和《商标法实施条例》等相关规定进行处罚。

(3)对侵犯著作权及相关权利的处理请求,地方著作权管理部门认定侵权成立的,应当根据我国《著作权法》第53条的规定进行处罚,没收、销毁侵权展品及介绍侵权展品的宣传材料,更换介绍展出项目的展板。

经调查,被投诉或者被请求的展出项目已经由人民法院或者知识产权管理部门作出判定侵权成立的判决或者决定并发生法律效力的,地方知识产权管理部门可以直接作出《展会知识产权保护办法》第26条、第27条、第28条和第29条所述的处理决定。

请求人除请求制止被请求人的侵权展出行为之外,还请求制止同一被请求人的其他侵犯知识产权行为的,地方知识产权管理部门对发生在其管辖地域之内的涉嫌侵权行为,可以依照相关知识产权法律法规以及规章的规定进行处理。

第七章　国际知识产权

一、知识产权国际保护

 什么是世界知识产权组织?

世界知识产权组织（World Intellectual Property Organization）简称WIPO，是联合国保护知识产权的一个专门机构，总部设在瑞士日内瓦。WIPO 根据《建立世界知识产权组织公约》而设立，该公约于 1967 年 7 月 14 日在斯德哥尔摩签订，于 1970 年 4 月 26 日生效。中国于 1980 年 6 月 3 日加入 WIPO；截至 2022 年，WIPO 有 193 个成员国。

WIPO 的宗旨是：通过国家之间的合作，必要时通过与其他国际组织的协作，促进全世界对知识产权的保护；确保各知识产权联盟之间的行政合作。

WIPO 管理着一系列知识产权条约，包括《成立世界知识产权组织公约》《保护工业产权巴黎公约》《保护文学艺术作品伯尔尼公约》《与贸易有关的知识产权协定》《专利法条约》《专利合作条约》《商标法条约》《世界知识产权组织版权条约》《世界知识产权组织表演和录音制品条约》《视听表演北京条约》《马德里议定书》《海牙协定》《洛迦诺协定》《尼斯协定》《斯特拉斯堡协定》等。

2 / 中国申请人向国外申请专利都有哪些途径?

目前，中国申请人向国外申请专利有两种途径：

（1）传统的保护工业产权巴黎公约途径。若想获得多个国家或地区的专利,申请人应自优先权日起 12 个月内分别向多个国家或地区专利局提交多份申请文件,并缴纳规定的费用。

（2）PCT[①]途径。申请人可以直接向国家知识产权局（受理局）提交一份 PCT 国际申请,要求优先权的,应在自优先权日起 12 个月内提出。由受理局确定的国际申请日,在 PCT 的所有成员国中自国际申请日起具有正规国家申请的效力。申请人可以自优先权日起 30 个月内向欲获得专利保护的国家或地区专利局办理进入国家阶段的手续。各个国家或地区专利局将依据本国的国家法对于成功进入国家阶段的 PCT 国际申请作出是否授予专利权的决定。

 3 / 什么是 PCT?

PCT 是 *Patent Cooperation Treaty*《专利合作条约》的简写,1970 年 6 月 19 日签订于华盛顿,是专利领域的一项国际合作条约。在此之前,申请人在国际上寻求专利保护通过《保护工业产权巴黎公约》途径进行。《专利合作条约》的签订被认为是自《保护工业产权巴黎公约》以来专利国际合作方面最具有标志性意义的一次进步。但是,它主要涉及专利申请的提交、检索和国际初步审查,以及专利技术信息传播的合作性和合理性。PCT 不对国际专利授权,授予专利权的任务和责任仍然只能由寻求专利保护的各个国家的专利局或行使其职权的机构掌握。

PCT 条约并不是《保护工业产权巴黎公约》的竞争者和取代者,而是《保护工业产权巴黎公约》的补充和完善。即便如此,PCT 条约仍是世界范围内最重要的专利保护条约之一,中国、美国、日本、韩国、印度以及欧盟各国都在 PCT 条约框架下申请了大量专利,并产生了可观的经济效益。

4 / PCT 的主要目的是什么?

PCT 的主要目的在于,简化以前确立的在几个国家申请专利保护的方

---

① 详见本部分第 3 问。

法,使其更为有效和经济,并有益于专利体系的用户和负有对该体系行使管理职权的专利局。

在引进 PCT 体系前,在几个国家请求保护发明创造的唯一方法是向每一个国家单独提交申请;这些申请由于每一个要单独处理,因此,每一个国家的申请和审查都要重复。为达到其应有的目的,PCT 提出:

(1)建立一种国际体系,从而使以一种语言在一个专利局(受理局)提出的某件国际专利申请在申请人(在其申请中)指定的每一个 PCT 成员国都有效。

(2)可以由一个专利局,即受理局对国际申请进行形式审查。

(3)对国际申请进行国际检索并出具检索报告,说明相关的现有技术;该检索报告应首先送达申请人后公布;进入国家阶段后,该国专利局在决定该申请是否具有专利性时可以参考该报告。

(4)对国际申请和相应的国际检索报告,进行统一的国际公布并将其传送给指定局。

(5)提供对国际申请进行国际初步审查的选择,应申请人要求提供一份包含"所要求保护的发明创造是否满足专利性国际标准"的报告,同时也供国家阶段的审查参考。

一件 PCT 申请要先后经历"国际阶段"和"国家阶段"才能获得授权。PCT 条约主要对"国际阶段"的程序进行了规定,其中第 1 章规定了与国际申请、国际检索、国际公布、国际初审有关的内容。而"国家阶段"是一件国际专利申请审查授权程序的最后部分,由"指定局"依据本国专利法行使相应职能。

多数国家的专利局一直在努力寻求解决方案,以求更好地分配资源,利用现有的资源条件获得最大的回报。在一个经济增长和技术进步到一定程度的国家,国家局面临着专利申请的增长。在这种情况下,如果该国是 PCT 成员,PCT 体系就可以帮它更好地处理工作量的增长。根据 PCT 体系,国际申请在到达国家局时,已经由受理局进行了形式审查,而且在绝大多数情况下,国际初步审查单位进行了可能的审查。由于在国际阶段已经经过了上述统一的程序,国家阶段的处理程序得以简化,有利于国家专利局利用现有的资源(包括人力资源)来处理更多的专利申请。

PCT 的其他目的是促进并加速工业界和其他相关的部门利用与专利申请相关的技术信息,并帮助发展中国家得到这些技术。

5 / PCT 与《保护工业产权巴黎公约》调整的对象有什么不同?

相比之下,《保护工业产权巴黎公约》调整的工业产权范围更加宽泛,包括发明专利、实用新型、工业品外观设计、商标、服务标记、厂商名称、货源标记或原产地名称,以及制止不正当竞争。不同于《保护工业产权巴黎公约》,PCT 仅涉及专利,且不包括外观设计。由于很多国家并没有实用新型,PCT 国际申请阶段并不要求指定专利类型,专利类型(若有可选形式)可以在进入国家阶段时再行指定。

6 / 通过 PCT 途径申请外国专利有哪些好处?

利用 PCT 途径,有如下好处:

(1)简化提出申请的手续。申请人可使用自己熟悉的语言(中文或英文)撰写申请文件,并直接递交到中国国家知识产权局。

(2)推迟决策时间,准确投入资金。在国际阶段,申请人会收到一份国际检索报告和一份书面意见。根据报告或书面意见,申请人可以初步判断发明是否具有专利性,然后根据需要,自优先权日起 30 个月内主动办理进入某个或某几个国家或地区的手续,即提交规定的文件和缴纳规定的费用。

(3)完善申请文件。申请人可根据国际检索报告和专利性国际初步报告,修改申请文件。

7 / PCT 对申请人有哪些要求?

PCT 国际申请对申请人的范围规定得非常宽泛,缔约国的任何居民或国民,自然人或法人,均可通过 PCT 提出国际申请;且至少有一个申请人的国籍或居所是 PCT 成员国即视为满足要求。此外,PCT 联盟大会可以决定,允许《保护工业产权巴黎公约》缔约国但不是 PCT 条约缔约国的居民或国民提出 PCT 国际申请。

对不同的指定国,PCT 申请可有不同的申请人。

8 / PCT 申请在哪里提出?

国际申请应当向规定的受理局提交。

一般来说,PCT 缔约国的国民和居民所在国的国家局应当是主管受理局。如果申请人的国籍和居所分属于不同缔约国,可以由申请人从中选择一个国家局作为国际申请的受理局。

另外,不管是哪个缔约国的国民或居民,除了可以向本国国家局提交申请外,都可以向 WIPO 国际局提交国际申请。

以地区组织加入 PCT 的欧洲专利公约组织、欧亚专利公约组织、非洲地区工业产权组织和非洲知识产权组织等成员国的国民和居民还可以分别向欧洲专利局(EPO)、欧亚专利局(EAPO)、ARIPO(非洲地区工业产权组织)或 OAPI(非洲知识产权组织)提交申请。

中国公民、居民或法人单位提交 PCT 国际申请,可以直接以中文或英文形式向作为国际受理局的国家知识产权局提出。

国家知识产权局接受英文提交,为在中国的外资企业申请专利提供了方便。

9 / 如何向国家知识产权局提出 PCT 国际申请?

向国家知识产权局提出国际申请,目前可采用纸件申请或电子申请两种形式。

CEPCT 系统是国家知识产权局专利局自主开发的 PCT 国际阶段审查管理系统(简称 CEPCT),实现了国际申请在国际阶段的全部管理和控制功能,完成了国际申请审查的无纸化进程。电子申请需要使用 CEPCT 网站、CEPCT 客户端提交电子形式的申请文件。使用 CEPCT 网站或 CEPCT 客户端提交电子申请的,可以前往 PCT 电子申请网(http://www. pctonline. cnipa. gov. cn)获取更多信息。

纸件的申请文件应提交到"国家知识产权局专利局受理处 PCT 组"。各地方专利代办处不接收 PCT 国际申请。申请人可通过邮寄、面交、传真的方式来提交纸件申请。

10 / 向中国受理局提出 PCT 国际申请是否需要委托代理机构?

提交国际申请是否需要委托代理机构取决于两个因素,一是法律规定,二是自身需要。向中国受理局提交国际申请,第一申请人为在中国没有经常居所或者营业所的外国人、外国企业、外国非法人组织或港澳台申请人的,应当委托依法设立的专利代理机构。受理局一般通过第一申请人的国籍、居所和地址来判断其是否需要委托代理机构。

向中国受理局提交国际申请的中国公民或法人,可以委托代理机构,也可以自行办理,申请人可以根据自身的需求决定是否委托代理机构。

委托代理机构办理国际申请相关事务的,应当提交委托书。委托书中应注明委托事务涉及国际申请国际阶段或具体的国际单位、发明名称、委托书签订日期,并由申请人和代理机构签字或盖章。单独委托书应为原件,已在国家知识产权局专利局备案的总委托书可为复印件,但须由代理机构盖章,并注明备案编号。

11 / PCT 国际申请应准备哪些文件?

一件专利申请被确定为国际申请,必须具备 PCT 规定的必要文件。

根据 PCT 第 11 条的规定,国际申请必须符合下列要求,受理局方可受理该国际申请并给予国际申请日:

(1)申请人的国籍和/或居所符合受理局的要求。

(2)使用规定的语言撰写。

(3)说明是作为国际申请提出的。

(4)至少指定一个 PCT 成员国。

(5)按规定方式写明申请人的姓名或名称。

(6)含有看起来是说明书的部分。

（7）含有看起来是一项或几项权利要求的部分。

由于第（1）～（7）项内容已包含在国际申请请求书标准表格中,因此,建议申请人使用受理局接受的语言至少提交内容完备、符合要求的请求书,说明书和权利要求书。

包含说明书附图的国际申请,建议申请人在提交申请文件时一并提交完整的说明书附图,后提交全部或部分说明书附图都可能引起申请日的改变。除此之外,国际申请文件还应当包含摘要,摘要建议在提交申请文件时一并提交,但也可以在提交国际申请后提交且不会引起申请日的改变。

对于在说明书中披露了核苷酸或氨基酸序列的国际申请,并且该序列表是作为国际申请的一部分的,应将序列表作为说明书的一部分,在提出国际申请的同时提交符合要求的序列表,否则,在后提交将可能引起国际申请日的改变。此外,为国际检索的目的,以纸件方式提交的申请还应当同时提交符合要求的电子形式序列表。后提交该电子形式的序列表虽不会引起国际申请日的改变,但需要申请人支付额外的费用。

针对国际申请本身的具体情况,申请人可能会被要求提交优先权文本、专利代理委托书等,这些文件不会影响国际申请的受理,可在提交国际申请的同时提交,也可在国际申请提出后的一定期限内提交。

12 / 如何获得国际申请日和国际申请号?

如果是在线提交的电子申请,申请文件提交成功后立刻可获得电子回执,回执中包含了国际申请号、收到日和申请人的姓名等信息。经受理局形式审查确定该申请为国际申请后,会发出通知书告知国际申请日和国际申请号。

如果是纸件申请或光盘方式提交的电子申请,受理局收到并确认文件后,会发出收到文件的通知,告知申请人国际申请号、收到日和申请人的姓名等信息。经受理局形式审查确定该申请为国际申请后,会发出通知书告知国际申请日和国际申请号。

值得注意的是,国际申请日根据受理局收到申请文件且满足 PCT 条约第 11 条（1）规定的所有要求之日来确定。申请人邮寄申请文件的日期与国际申请日无关。

为保证能够尽早获得国际申请日和申请日,建议采用电子申请方式提交新申请,电子申请和纸件申请均须填写准确的联系信息。

13 / 什么是专利审查高速路?

专利审查高速路(patent prosecution highway,简称 PPH),是专利审查机构之间开展的审查结果共享的一项国际专利合作制度,旨在帮助申请人的海外申请早日获得专利权。具体指当申请人在首次申请受理局(office of first filing,简称 OFF)提交的专利申请所包含的至少一项或多项权利要求被确定为可授权时,便可以此为基础向后续申请受理局(office of second filing,简称 OSF)提出加快审查请求。

PPH 优势就是加快审批、节省费用、授权率高。当申请人期望自己的海外专利申请得到加快审查时,便可考虑使用 PPH。

PPH 门户网站(https://www.jpo.go.jp/e/toppage/pph-portal/index.html)(由 JPO 维护)显示,截至 2021 年 7 月,开通 PPH 业务的国家及地区共计 55 个。

需要指出的是,PPH 并非各国在实体问题上相互承认审查结果的机制,而仅仅是一种便利申请人的加快审查机制。各国仍旧要对具体的专利申请按照本国专利法进行实质审查或者履行其他的审查程序。

PPH 包括常规 PPH 和 PCT-PPH 两种。常规 PPH 还可以分为《保护工业产权巴黎公约》路径和 PCT 路径两种。对于《保护工业产权巴黎公约》路径的常规 PPH:是在 OFF 申请的优先权期限内,以《保护工业产权巴黎公约》途径进入到 OSF,而后在满足一定条件下对 OSF 申请提出加快审查请求。如图 7-1 所示:

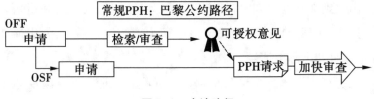

图 7-1　申请路径

对于 PCT 路径的常规 PPH,是指 OFF 申请和 OSF 申请均是以 PCT 申请进入国家阶段的方式提出的,申请人在满足一定条件下对 OSF 申请提出加快审查请求。如下图所示,具体来说:申请人通过 PCT 途径,分别进入 A、B 两个国家。A 国家审查后有可授权的意见产生。而 B 国家尚未收到审查意见并且 B 国家案件中有与 A 国家案件对应的权利要求,此时可以向 B 国家提出 PPH 请求,要求加快审查。如图 7-2 所示。

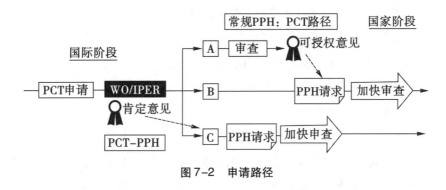

图 7-2　申请路径

PCT-PPH 是指 PCT 申请的申请人,从特定的国际检索单位或国际初步审查单位收到肯定的书面意见或国际初步审查报告,指出其 PCT 申请中至少有一项权利要求具有可专利性,申请人可以请求有关国家或地区阶段的申请加快审查。

参考图 7-2,具体来说,PCT 申请人在国际阶段,收到了一份肯定的国际检索报告书面意见/国际初步审查报告。在进入 C 国家后,C 国家案件中有与上述意见中对应的权利要求,此时可向 C 国家申请加快审查原因是:①申请得到优先处理;②申请的可预期性提高——由于加入 PPH 的各国会充分考虑 OFF 的检索结果和肯定性结论,从实际上来讲,PPH 路径下专利的授权率会大大提高。

14 / 什么是海牙协定?

《工业品外观设计国际注册海牙协定》(*The Hague Agreement Concerning the International Deposit of Industrial Designs*)简称《海牙协定》,是《保护工业产权巴黎公约》成员国缔结的专门协定之一。该协定于 1925 年首次通过,建立了一个允许工业品外观设计在多个国家或地区以最少的手续得到保护的国际体系。

《海牙协定》的两个文本目前正在实施——1999 年文本和 1960 年文本。1999 年文本的缔结,目的是使这一制度更加符合用户的需求,为那些由于其工业品外观设计制度而不能加入 1960 年文本的国家,加入该协定提供便利。2022 年 2 月 5 日,在世界知识产权组织总干事来华出席北京冬奥会开幕式期间,我国正式提交了《海牙协定》加入书,并于 5 月 5 日正式生效。我国是"海牙联盟"的第 77 个成员。截至 2022 年,"海牙联盟"包含 75 个国家和两个政府间组织(欧盟和非洲知识产权组织),共覆盖 94 个国家。

《海牙协定》的主要内容为:具有任何一个海牙联盟成员国国籍或在该国有住所或经营场所的个人或单位都可以申请"国际保存"。申请人只要向世界知识产权组织国际局进行一次申请,就可以在要想得到保护的成员国内获得工业品设计专利保护。申请国际保存时,不需要先在一个国家的专利局得到外观设计的专利的批准,只通过一次保存,可以同时在几个国家取得保护。国际保存的期限为 5 年,期满后可以延长 5 年。

《海牙协定》允许申请人通过向 WIPO 国际局提交单一申请来注册工业品外观设计,从而使外观设计所有人能够在多个国家或地区以最少的手续保护其外观设计。根据 1999 年文本,申请人指定的每个缔约方可以在国际注册公布之日起 6 个月内或可能在 12 个月内拒绝保护。如果被指定缔约方在规定的期限内未通知驳回(或如果该驳回随后被撤回),则国际注册在该缔约方的法律下具有受保护的效力。

通过《海牙协定》注册的工业品外观设计保护期为 5 年,根据 1960 年法案至少可续签一个 5 年期,或根据 1999 年法案续签两次。如果缔约方的立法规定了更长的保护期,则应允许指定该缔约方的国际注册获得相同的保护期限。

15 / 什么是 IPC 分类?

IPC 分类是《国际专利分类表》的简称,根据 1971 年缔结的《国际专利分类斯特拉斯堡协定》编制,是国际通用的专利文献分类和检索工具。

我国发明和实用新型专利申请的专利分类号采用 IPC 国际专利分类对其进行标识,对应专利文献扉页上的第(51)项。当一件发明专利申请或者实用新型专利申请涉及不同领域的技术主题时,则应当根据所涉及的技术主题对专利申请进行多重分类,给出多个分类号。并将最能代表发明创造技术领域信息的分类号排在第一位,称为主分类号。依据某一种产品的国际分类,可以快速检索出本产品所属技术领域的专利信息。

IPC 国际专利分类系统按照技术主题设立类目,把整个技术领域分为 5 个不同等级:部、大类、小类、大组、小组。IPC 分类表共有 8 个部类,分别是:A 部——人类生活需要(农、轻、医);B 部——作业;运输;C 部——化学;冶金;D 部——纺织;造纸;E 部——固定建筑物;F 部——机械工程;照明;加热;武器;爆破;G 部——物理;H 部——电学。此外,IPC 分类表还有专门的使用手册。

16 / 什么是洛迦诺分类?

洛迦诺分类由《建立工业品外观设计国际分类洛迦诺协定》(*Locarno Agreement on Establishing an International Classification for Industrial Design*,简称《洛迦诺协定》,1968 年签订)建立,用于对工业品外观设计进行国际分类。

中国国家知识产权局采用国际外观设计分类法(即洛迦诺分类法)对外观设计专利申请进行分类,以最新公布的《国际外观设计分类表》中文译本为工作文本。外观设计分类的目的是:

(1)确定外观设计产品的类别属性。

(2)对外观设计专利进行归类管理。

(3)便于对外观设计专利进行检索查询。

(4)按照分类号顺序编排和公告外观设计专利文本。

洛迦诺分类针对使用该外观设计的产品进行,分类号由"LOC""(版本号)""Cl.""大类号-小类号"组合而成,例如 LOC(9)Cl.06-04。涉及多个分类号(特指"大类号-小类号")的,各分类号之间用分号隔开,例如:LOC(9)Cl.06-04;23-02。

17 / 什么是尼斯分类?

尼斯分类是《商标注册用商品与服务国际分类尼斯协定》的简称,于 1957 年 6 月 15 日在法国尼斯签订,1961 年 4 月 8 日生效。我国于 1994 年 8 月 9 日加入该协定。尼斯协定主要规定的是商品与服务分类法,该分类为商标检索、商标管理提供了极大便利。

尼斯分类表包括两部分,一部分是按照类别排列的商品和服务分类表,一部分是按照字母顺序排列的商品和服务分类表。

按照类别排列的分类表将商品和服务按照 1~45 类的顺序排列。前 34 类是商品类,后 11 类是服务类。每类有一个类别号和标题,每类的标题概括了本类所包含商品的特征及范围,最后列出了本类包括的所有商品或服务项目,每项商品或服务均有一个顺序号,以便查找。另外,每一类有一个注释,对本类主要包括哪些商品,本类与相关类别的商品如何区别,如何划分边缘商品的类别作了说明,这个注释对划分一些易混淆商品的类别有很大帮助。

另一部分是按字母顺序排列的商品和服务分类表。世界知识产权组织出版了按英文、法文顺序排列的商品和服务分类表。我国商标主管机关也编排印制了按汉语拼音顺序排列的商品和服务分类表。使用这个表查阅一般商品的类别就像查字典一样方便。如某一生产电视机和录像机的企业,要在这两种商品上申请商标注册,按照汉语拼音顺序,很容易就能查到这两种商品都属于第 9 类。

18 / 什么是马德里协定?

《商标国际注册马德里协定》(*Madrid Agreement Concerning the International Registration of Marks* ,简称"马德里协定")签订于 1891 年,是用于规定、规范国际商标注册的国际条约。马德里体系中的成员国和组织,目前已超过 100 个。

马德里商标国际注册,即根据"马德里协定"和《商标国际注册马德里协定有关议定书》(简称"马德里议定书")的规定,在马德里联盟成员国间所进行的商标注册。通常所说的商标国际注册,指的就是马德里商标国际注册。"马德里联盟"是指由"马德里协定"和"马德里议定书"所适用的国家或政府间组织所组成的商标国际注册特别联盟。

19 / 马德里商标国际注册与普通国际商标申请的差别在哪里?

从权利所属这个层面上讲,二者并没有实质性差别,二者的差别主要体现在程序上。以中国申请人为例,申请方式详见表7-1:

表7-1　申请方式:以中国申请人为例

事项	马德里商标国际注册	普通国际商标申请
申请书	一份申请书申请多个国家多个类别的商标	不同国家逐一申请
递交机构	直接通过国家知识产权局商标局提交申请	委托当地事务所或律所提交,部分国家需要公认证手续
证书	没有证书,可到当地商标主管部门开具商标证明	有商标证书
在先注册	在中国已申请(阿尔及利亚需注册)	不要求该商标在中国已经申请或注册
原属国商标状态影响	如果5年内原属国的商标被无效或撤销,则马德里国际注册也将被撤销	直接在各国注册的商标相互独立
审查时间	审查期为12或18个月,超过期限未驳回则视为核准注册	审查时间有长有短
费用	相对于直接在各国申请商标,指定的国家越多,马德里商标越便宜	
范围	马德里协定或议定的成员国才能通过马德里指定	无要求

二、美国知识产权保护

1 / 美国的知识产权保护类型有哪些？

(1)专利。专利保护类型包括发明专利、外观设计专利及植物专利，其中外观设计于1842年纳入了美国专利法的保护范围。

发明专利(utility patent)：美国专利法规定，凡是发明或发现新颖且具有实用的方法、机器、产品、物质组合物，或者对已知物质的新用途，或者是对现有技术的进一步改进，都属于美国专利法所要保护的客体。

外观设计专利(design patent)：外观设计专利保护对产品本身或附加到产品上的视觉装饰性的新的和独创的改进。外观设计专利的保护客体通常涉及产品的整体或局部的形状或构型、附加到产品上的表面装饰、形状或构型与表面装饰的组合。

植物专利(plant patent)：植物专利保护利用无性繁殖方式培育出的任何独特且新颖的植物品种，包括变形芽、变体、杂交等新品种。申请人可对种子、植物本身以及植物组织培养物进行专利保护，要求保护的植物品种必须具有显著性、一致性和稳定性。

(2)版权。美国对固定于任何有形表现媒介中的独创作品均予以版权保护，这种表现媒介包括目前已知的或以后发展的，通过这种媒介，作品可以被感知、复制或以其他方式传播。1978年1月1日或以后创作的作品，目前在美国作者自创作完成时至死后70年止拥有版权；若作品是集体创作，版权要至最后一名创作人的终生至死后70年为止；若作品是匿名或者使用假名的，被保护期限至出版后95年为止，或者自创作完成年算起120年为止，以在先届满者为准。1978年1月1日以前创作的作品，其版权保护期自创作完成时至死后70年止。版权的所有期限均截止于届满年的12月31日。

(3)商标。商标注册的标志可以是姓名、符号、文字、标识语、图案。商标注册有效期10年。允许续展，每次续展的期限是10年。

(4)商业秘密。商业秘密可以是产品的公式、设计、编辑的数据、顾客名录等。美国许多州都采用了统一商业秘密法案保护商业秘密。

② 美国知识产权保护制度是怎样的？

美国的知识产权保护可以分为三个层面：立法层面、行政层面、司法层面。

（1）立法保护。美国国会所制定通过的联邦法律，按国防、外交、内政、商务、劳工、农业、运输等事务逐一编为不同编目的《美国法典》（*United States Code*），共 50 编，而其中与知识产权有关的包括：第 35 编的专利法及第 15 编的商标法。因此，美国对知识产权的立法保护，是在联邦层面上的统一立法，虽然各州都有对知识产权保护的地方立法，但其与联邦法精神并不相冲突。

（2）行政保护。行政保护主要体现在知识产权的行政管理方面。承担这一职能的是隶属于商务部的专利商标局，主要负责商标、专利的申请，对专利申请的审核、授权以及专利文献的管理等。从申请到批准，专利需要经过 18 个月，而商标是 15 个月；商标的保护期是 10 年，而专利的保护期根据类别不同起算日也不同（美国专利包括发明专利、植物专利、外观设计专利，前两类专利的保护期从 1995 年 6 月 8 日起已改为：自专利申请日或最早申请日起 20 年，外观设计专利的保护期为授权日起 14 年）。

（3）司法保护。如果说行政保护是事前的授权保护，那么司法保护则是事后的救济保护。美国对知识产权的救济保护，主要有三条途径：①联邦与州多层次的知识产权司法保护。美国联邦地区法院是版权、注册商标、专利、植物品种、集成电路布图设计等侵权案件的初审管辖法院。②三个政府部门负责知识产权的行政保护。美国专利商标局对知识产权纠纷进行行政处理；美国国际贸易委员会（ITC）根据《美国关税法》第 337 条款对侵犯美国知识产权的进口商品案件拥有管辖权；美国海关有权对进入美国的假冒商标的商品或盗版商品实行扣押。③知识产权的仲裁保护。美国于 1925 年制定了仲裁法，1926 年成立了仲裁协会，通过调解仲裁方式对知识产权进行保护。

3 / 美国知识产权保护的法律体系是怎样的？

美国主要的知识产权法规包括：

（1）在专利法方面，1996 年美国国会修改了《专利法》，1999 年又颁布了《美国发明人保护法》，确立了专利先发明制度和 1 年的宽限期保护制度以及早期公开制度。2011 年 9 月 16 日，美国总统奥巴马签署《美国发明法案》，修改了美国现行专利法。此次美国专利法改革提案主要涉及 6 个方面的内容，即：①实体方面：将先发明制改为先申请制、取消现有技术的地域限制、调整宽限期的适用范围、调整最佳实施方式的公开要求、取消在国外完成的发明作为现有技术的限制、调整关于先用权的规定。②修改专利授权后的重审程序：取消双方再审程序，设立授权后重审程序和双方重审程序。③修改专利申请授权程序：调整发明人宣誓或声明的有关要求、允许发明人的受让人提交专利申请，以及允许第三方在专利审查期间提交现有技术等。④美国专利商标局被赋予更大的财政自主权和设立卫星局。⑤优先审查及对小型实体的扶持措施：对国家有重要意义的专利要有限审查；对小型实体的收费应适当减免。⑥专利诉讼及其管辖争议较大，此次修改未太多涉及，只是涉及了故意侵权的判定条件，错误标识的处罚，取消各州法院对专利、植物品种保护或版权的法律诉讼的管辖权，赋予联邦巡回上诉法院对专利或植物保护的上诉的独有管辖权，等等。

（2）在商标法方面，早在 1870 年美国就制定了《联邦商标法》，现行商标法是颁布于 1946 年的《兰哈姆法》，规定了商标使用在先原则，即商标的先使用者获得商标法律的保护。如果能够提供使用在先的证据，商标即使没有注册，只要处于使用状态同样可获得法律保护。此外，美国商品的外形、声音、颜色、味觉均可申请注册商标，并分成商品商标、服务商标、证明商标和集体商标 4 类。对侵害商标专用权行为，不但要赔偿有形损失，而且还要赔偿无形资产损失。1996 年，美国开始实施《美国联邦商标反淡化法》，对著名商标又进行了更为严格的保护，规定了著名商标的保护和使用的原则，以及混淆、诋毁行为的法律责任等内容，解决了与互联网域名有关的商标淡化问题。

（3）在商业秘密保护方面,美国一直把对商业秘密的保护列为各州法律调整的范围。20世纪90年代以来,由于互联网的广泛利用和电子商务的发展,美国越来越重视对商业秘密的保护。1996年,美国制定了《联邦商业间谍法》,主要规定盗窃商业信息的刑事责任问题,这是美国在知识产权保护方面最为严厉的法律。

此外,美国制定了保护其国内企业和国家利益的知识产权保护条款,即"337条款"。"337条款"是美国关税法中的第337条款的简称。"337条款"主要是用来反对进口贸易中的知识产权侵权和不公平竞争行为,特别是保护美国知识产权权利人的权益不受涉嫌侵权进口产品的侵害。随着美国对外贸易政策从"自由贸易"向"保护贸易"转变,"337条款"已经成为管制外国生产商向美国输入产品侵犯知识产权的法律规则和单边制裁措施。

 如何在美国开展知识产权维权?

（1）保存材料。企业收到对方发出的律师函或被直接起诉后,应妥善保存与所涉产品相关的产品手册、电子文档、内部邮件等原始材料。企业应注意保存律师函、与对方往来的信件和数据电文（包括电报、电传、传真、电子交换数据和电子邮件）等可以有形地表现所载内容的材料。

（2）沟通调解。企业应积极与对方或对方的中国代理商、分销商、位于中国的关联公司等机构就涉案纠纷进行沟通,了解对方行为的出发点和目的。企业可考虑引入客户、政府有关部门、行业协会等第三方进行调解、斡旋。

（3）组建应诉。企业应组建应诉团队。一般而言,应诉团队应包含中国律师、美国律师、企业决策层、企业研发人员和企业知识产权法务人员等。

（4）临时禁令。中国企业应及时提交辩护声明以争取时间、避免出现临时禁令所带来的严重后果,并收集可以推翻临时禁令的证据,并据此要求对方赔偿企业因此遭受的损失。

（5）证据收集。企业决定应诉后,应诉团队应紧密合作,按照有关法律规定,多渠道全面收集下列证据:①企业知识产权权利证明材料;②企业相关产品研发记录等材料;③证明企业相关产品所涉技术信息来源合法的材料;④中立第三方出具的知识产权分析报告等;⑤企业制定的尊重他人知识产权的规章制度;⑥其他可以证明企业善意、企业有关产品并未侵权的材料。

(6)证据保全。企业可同时收集对方涉嫌侵犯企业知识产权的证据。若发现对方有侵权行为,应妥善保存相关证据材料;涉及容易删除、修改、销毁的证据材料的,可采用公证等方式对前述证据进行保全。

(7)提起反诉。诉讼中,企业可依照案件审理国法律的规定就对方知识产权是否有效等向案件审理国法院提起反请求等诉讼。

(8)在中国起诉。若对方在中国有分支机构、代理商、分销商或其他诉讼连接点,且可能存在知识产权侵权行为、不正当竞争行为或垄断行为等,企业可依据我国相关法律提起诉讼。

(9)和解谈判。诉讼中,企业应综合分析事态发展,以决定是否与对方和解及和解谈判策略等。美国诉讼费用非常庞大,中国企业应听取案件审理国律师的意见,必要时加大和解谈判力度,尽量减少诉讼带来的经济损失。

5 / 什么是美国"337 调查"?

根据美国《1930 年关税法》第 337 节(现被汇编在《美国法典》第 19 卷第 337 节)的规定,如果任何进口贸易中存在侵犯知识产权或其他不正当竞争的行为,美国国际贸易委员会(United States International Trade Commission,简称 ITC)都可以进行行政调查。如果 ITC 认定某项进口产品侵犯了美国国内知识产权,或虽未侵犯知识产权但其效果却破坏或实质上损害美国某一产业,或阻碍该产业的建立,或对美国商业或贸易造成限制或垄断,则 ITC 有权采取制裁措施。

6 / "337 调查"主要有哪些特点?

(1)立案容易。发起"337 调查"的申请人只需证明在美国存在与申请人主张的知识产权相关的产业,无须证明有损害。

（2）处罚严厉。一旦被认定侵权，非但被申请人的相关产品，其他同类的产品也有可能被禁止进入美国。

（3）周期短。大多数情况下，ITC 的调查期限为 12～15 个月，复杂案件可能会延长至 18 个月，而联邦地区法院的专利案件审理周期长达 2 年甚至更长。

（4）对物管辖。对于所有进口到美国的产品，适用属物管辖权。只要能够证明存在涉案进口产品，申请人就可以请求 ITC 对世界各地的被控企业同时展开调查。仅在涉及禁止令时才需考虑对人管辖权。

7 / "337 调查"的处罚结果有哪些？

如果 ITC 认定进口产品在美国市场上侵犯了知识产权，可能的处罚结果如下：

（1）普遍排除令。这是所有的处罚结果中影响最为宽泛的，不仅针对被申请人的产品，还禁止所有同类侵权产品进入美国市场，而不区别原产地或生产商，同时还可包括目前和今后尚未掌握的生产商和进口商。

（2）有限排除令。禁止被申请人的侵权产品进入美国，可适用于被申请人现在和今后生产的、存在侵权行为的所有类型的产品，效力可扩大到包含侵权物品的上游零部件产品，以及下游或下级产品。

（3）禁止令。禁止令是为了禁止继续销售、库存、宣传、广告等已经进口到美国的侵权产品。与排除令的区别在于，排除令主要由海关执行，禁止侵权产品入关，针对还没有进口美国的产品；而禁止令由 ITC 自行实施，针对已经进口到美国的产品。禁止令可以单独适用，也可与排除令同时适用。

（4）同意令。"337 调查"中，除和解方式外，双方当事人还可以同意令方式终止调查。同意令一般由申请人和被申请人联合提交动议，也可单独由被申请人提出。同意令与和解协议类似，但保留了 ITC 的管辖权。

（5）扣押和没收令。如果 ITC 曾就某一产品签发过排除令，而有关企业试图再次将其出口到美国市场，ITC 可以签发扣押和没收令。美国海关可以据此扣押并没收所有试图出口到美国市场的侵权产品。

（6）罚款。在签发排除令和禁止令后，有关当事人如果违反 ITC 的命令,将面临 10 万美元/日的罚款或相当于其每日违令输入美国产品的美国国内价值 2 倍的民事处罚,两者中取高者。

(7)临时救济措施。申请人可以在提交调查申请的同时,或者在 ITC 正式立案调查之前,要求 ITC 采取临时救济措施,包括临时禁止令和排除令。ITC 同意采取临时救济措施的理由包括:初步认定存在违反 337 条款的行为,且如果不采取临时救济措施,美国国内产业有可能受到立即发生的、实质的损害,或者美国国内产业的设立有可能受到威胁。

如果 ITC 接受申请,调查开始后的 90 日内(复杂案件 150 日内)签发临时禁令。如果 ITC 认为申请依据不充分,或采取临时禁令会对被申请人造成重大损害,则可以要求申请人提供保证金。在实施临时救济措施期间,如果进口商想继续进口涉案产品,必须缴纳保证金,数额由 ITC 决定,并能足以保护申请人的利益。如果最终裁决侵权成立,保证金将归申请人所有。

8 / 中国企业如何应对"337 调查"?

对于"337 调查",企业可在调查开始前、过程中以及结束后等不同阶段开展有针对性的工作加以应对。

(1)调查开始前。在生产经营和对外贸易活动中,对美出口企业可以采取预防性措施,避免成为"337 调查"的被申请人。

在生产对美出口产品时,先初步分析评议出口到美国的产品是否落入美国授权专利、集成电路布图设计等的保护范围,以及使用的外观设计及商标是否和美国授权的外观设计和商标类似。如果发现有侵权的可能,应及时对产品进行规避设计。

对于无法规避而又必须使用的核心专利技术,应积极准备谈判,探索采取支付许可费、购买专利或合资、合作等措施的可行性,尽量避免因"337 调查"而失去美国市场。

在接受进口商、承销商以及分销商委托加工、制造和销售对美出口产品时,应通过协议明确约定知识产权免责条款。

生产或出口前主动在美进行合理知识产权布局。拥有一定数量的美国专利权,对申请人也是一种对抗和威慑。同时可设计可能的替代方案,减少侵权可能性。

委托律师出具出口产品不构成知识产权侵权的法律意见书,避免在"337调查"中被判故意侵权,并承担3倍赔偿金的处罚。

企业应尽快建立面向全球的知识产权战略,提高自身知识产权风险意识和整体防御能力。

(2)调查过程中。如果企业成为"337调查"的被申请人,可以采取如下措施加以应对:

第一,权衡是否应诉。当面临"337调查"时,被申请人应首先权衡利弊并作出选择是否应诉。应诉与否主要关乎成本利益分析和企业的发展战略。"337调查"的应诉费用根据情况不同通常为几万美元至上百万美元不等,企业要从成本收益的角度考虑应诉是否值得。

第二,是否作为第三方应诉。第三方根据自身利益的考量如果愿意参与调查程序,可向ITC提交希望参与调查程序的书面动议,并同时提交其已经向每个当事人送达该动议的证明,调查机关会进行审查。如果利害关系方不参与调查,将失去利用调查程序收集信息、表达主张的机会,最终可能会受到ITC作出的裁决以及有关救济措施的影响。

第三,组建应诉团队。企业决定应诉"337调查"后,应立即着手组建应诉团队,包括内部团队与律师团队。"337调查"节奏快、工作量大,需要高素质的团队迅速应对。

第四,证据收集与保全过程。在我国民事诉讼中的证据收集程序,诉讼任何一方都没有向对方提供证据的义务。而美国宽泛的查证义务,申请人与被申请人双方都必须向对方提供相关信息,即使该信息对提供方可能产生不利影响。由于证据属于非单方自主行为,并且范围宽泛,因此申请人在调查前一般无须开展调查,而是依赖开庭之后的查证。在美国,证据持有人有证据保全的义务。严禁销毁证据,否则可能承担严厉的处罚。

第五,选择抗辩理由。企业遇到的"337调查",大多数与专利有关。应对与专利有关的"337调查",被申请人一般可从涉案产品不侵权、对方专利无效、专利不可实施等三方面抗辩。

第六,确定应诉策略。面对"337调查",中国企业可以采取多种策略,以最小的成本和风险最有效地保护自身利益。例如:①联合应诉。多家涉案企业联合应诉,以整合资源、共享信息、分担应诉工作,一定程度上分摊应诉费用,降低单个企业的应诉负担。②和解。双方当事人可以通过签订和解协议解决争议,终止"337调查"。和解协议一般可包括:被申请人停止进口或销售侵权产品;申请人放弃对被申请人的指控;允许被申请人在一定时间内处理库存的侵权产品;申请人授权被申请人使用专利或者进口涉案产品等。当事人应向行政法官提交一份协议文本,如果和解协议不存在反竞争因素及违背公共利益等情形,ITC一般会鼓励和同意双方达成和解协议。③规避设计。ITC并不限制经过合理规避设计后的产品进入美国市场。如果被申请人侵权可能性比较大,可以通过研究设计不同于涉案产品的新产品来规避申请人的专利权。在行政法官作出初裁和委员会作出终裁前,将规避设计后的产品提交其审阅,一旦获得ITC的认可,将不受ITC最终签发的排除令等救济措施的影响。

(3)调查结束后。如果经过分析,被申请人可能败诉,或是经过抗辩被认定侵权而败诉,这并不意味着全军覆没。可以采取如下措施:

第一,规避设计。企业即使在应诉中错过了规避设计的最佳时机,也可以在签发排除令后,采取措施重新获得进口资格。"337调查"的排除令由美国海关执行,由其判断相关进口产品是否落入ITC裁决中的侵权产品范围。如果企业的产品被ITC签发了排除令,企业或其进口商可以就经过规避设计的产品请求美国海关发表意见。如果海关认为规避设计产品不落入ITC裁决侵权产品的范围,则相关产品可以进入美国市场。企业也可以请求ITC启动咨询意见程序,由其对规避设计产品是否侵权发表意见。

第二,专利许可。被申请人可以与申请人谈判获得使用专利的许可,并交纳合理的许可费。专利许可费可以用被许可方的利润为基数,从利润中支付。如果专利权人坚持要用销售额为基数,被许可方应当通过谈判,争取不以整个产品,而仅以涉及专利的零部件的价值为基数,尽量降低专利许可费。

第三,战略合作。被申请人可以与申请人商讨开展战略合作。例如,谈判探讨成立合资企业等。

⑨ 什么是"301 条款"?

"301 条款"是美国《1974 年贸易法》第 301 条的俗称,是美国贸易法中有关对外国立法或行政上违反协定、损害美国利益的行为采取单边行动的立法授权条款。它最早见于《1962 年贸易扩展法》,后经《1974 年贸易法》《1979 年贸易协定法》《1984 年贸易与关税法》,尤其是《1988 年综合贸易与竞争法》修改而成。

"301 条款"有狭义和广义之分。

狭义的"301 条款"仅指《1974 年贸易法》第 301 条,可称之为"一般 301 条款"或"普通 301 条款"。美国"一般 301 条款"最早见于《1962 年贸易扩展法》,后经《1974 年贸易法》修订,主要是针对贸易对手国所采取的不公平措施。根据"一般 301 条款",当有任何利害关系人申诉外国的做法损害了美国在贸易协定(包括多边性国际协议、区域性贸易协议、双边贸易协议)下的利益或他国的法律、政策和做法或违背了贸易协议或不公正、不合理或歧视性行为给美国商业造成负担或障碍时,美国贸易代表办公室(USTR)可进行调查,决定采取撤销贸易减让或优惠条件等制裁措施;也可根据上述情况决定是否自行启动调查。该条款授予美国总统对外国影响美国商业的"不合理"和"不公平"的进口加以限制和采用广泛报复措施的权力。所谓"不公平"指不符合国际法或与贸易协定规定的义务不一致;"不合理"指凡严重损害美国商业利益。依据美国在《1974 年贸易法》第 301～310 条的规定,美国贸易代表办公室每年 3 月底要向国会提交《国别贸易障碍评估报告》,指认未能对美国知识产权权利人与业者提供足够与有效的知识产权保护措施,或拒绝提供公平市场进入机会的贸易伙伴,并根据该报告在 1 个月内列出"301 条款"国家与"306 条款"监督国家。名单确定后,美国贸易代表办公室每半年向国会提交一份报告,说明提出的申请、作出的决定、调查和程序的进展与状态、所采取的行动或者不实施行动的原因,以及所采取行动在商业上的后果;并发起案件调查,与有关国家磋商、谈判和最终达成协议,直至双方满意或者美国满意为止,否则美国将采取贸易报复措施予以制裁。

广义"301 条款"包括"一般 301 条款"和"超级 301 条款"。20 世纪 80

年代美国外贸出现双赤字的爆发性增加,美国国会强制其政府在一定期限内,将所有贸易障碍予以解决。经过多次磋商,1988 年 8 月,"一般 301 条款"修正案出笼,这就是令国际贸易界谈虎色变的"超级 301 条款"。"超级 301 条款"是指经 1988 年《综合贸易与竞争法》修改补充后,对"301 条款"新增加的"第 1302 节"。该条款的款名为"贸易自由化重点的确定"。这是"超级 301 条款"的核心,也有将之称为关于知识产权条款的。除不公平措施与知识产权保护问题外,还涉及出口奖励措施、出口实绩要求、劳工保护法令、进口关税及非关税壁垒等,是针对外国贸易障碍和扩大美国对外贸易的规定。"超级 301 条款"通过确定外国的不公平贸易做法和重点国家,加强美国在与这些重点国家进行贸易磋商的谈判力量,旨在为美国寻求开拓国际市场的突破口。美国"超级 301 条款"的做法是,通过公布"重点不公平贸易做法"和"贸易开放重点国家名单",美国贸易代表办公室(USTR)可与被确定的"重点国家"进行谈判,与对方达成消除不公平做法或补偿美国贸易损失的协议。该条款要求美国政府一揽子调查解决某个外国的整个对美出口产品方面的贸易壁垒问题。所以,该条款的规定"普通 301 条款"更强硬,适用范围更广泛,更具有浓厚的政治色彩,故俗称为"超级 301 条款"。

"超级 301 条款"将原先的贸易报复权,由总统转到贸易代表署,从而使贸易的谈判者与报复的执法者合二为一;一方面增加了对贸易谈判对手的压力,另一方面减少了政府其他部门对贸易代表署采取报复措施的干扰。其次,"超级 301 条款"强行规定,贸易代表署于每年 3 月 31 日至 9 月 30 日提出美国认为"市场最封闭""最不公平"的贸易伙伴和贸易领域。在接下来的 18 个月时间内,美国政府将同这些贸易对手进行谈判,如果贸易纠纷仍无法解决,美国就可以对这些贸易对手实施单方面贸易制裁,主要是对其进口的某些产品实行高关税,关税最高达 100%。

"超级 301 条款"的出现,说明美国试图利用该条款寻求开拓国际市场的突破口,通过确定不公平贸易做法和重点国家,加强美国在与这些重点国家进行贸易磋商的谈判力量。相反,美国的贸易伙伴在谈判中,由于被列入重点国家名单以及受到时间和可能的单边制裁压力,其谈判地位受到明显影响。而且"超级 301 条款"规定国会可以介"301"案的调查与处理、监督,促进美国贸易代表对"301 条款"的执行。国会力量的介入增大了"超级

301 条款"适用的可能性。不过部分美国人认为"超级 301 条款"会招致贸易伙伴的不满,导致贸易战,所以应该采取尽量少用的原则,因此政府一度把它束之高阁。1992 年美国国会曾酝酿延长"超级 301 条款"的期限。参众两院也曾提出多个修改"超级 301 条款"的提案,希望能成为一项长期的、比较稳定的法律规定。

"301 条款"是美国政府针对损害美国贸易利益和商业利益的外国政府的行为、政策和做法进行调查、报复和制裁的手段,其本质是美国强权政治和单边主义做法在外贸领域的体现,利用贸易政策推行其价值观念的一种手段,即通过强化美国对外贸易协定的实施,扩大美国海外市场,迫使其他国家接受美国的国际贸易准则,以维护美国的利益。

法律授权美国贸易代表办公室(USTR)可以采取的制裁措施包括:①中止贸易协定项下的减让;②采取关税或其他进口限制;③对服务征收费用或采取限制;④与被调查国达成协议,以消除其违法行为或向美国提供补偿;⑤限制服务领域的授权。措施期限一般为 4 年。

"301 条款"的作用:①作为一种监督、威胁和干预工具,每年通过拟定"重点国家""重点观察国家"等各种名单,发布《国别贸易障碍评估报告》等措施,对其贸易伙伴施加压力,干预影响其国内政策乃至国内政治;②作为进入世界贸易组织争端解决机制的前置磋商程序,经磋商后决定是否提交世贸组织;③为美国贸易代表办公室(USTR)和业界提供了沟通和磋商的桥梁,使业界的诉求能够迅速地传递给美国政府并得到后者的支持。[1]

10 / "301 条款"对我国产生哪些影响?

自中美建交以来,知识产权市政是中美经贸关系的一个重要组成部分,也从未停止过知识产权贸易争端。至少自 20 世纪 90 年代末,美国贸易代表曾多次指出中国的国内市场仿冒和盗版问题十分严重并给美国企业、个人造成了巨额经济损失。美国频繁运用"301 条款"针对我国国内知识产

---

[1]　本条问答的编写参考杨国华:《美国贸易法"301 条款"研究》,法律出版社 1998 年版,第 36-55 页;李明德:《"特别 301 条款"与中美知识产权争端》,社会科学文献出版社 2000 年版,第 59-75 页。

权保护问题向我国政府施压,并进行贸易报复和制裁,造成两国经贸关系十分紧张。我国加入 WTO 以后,中美两国的贸易往来日益频繁,规模日益扩大,美国对华贸易逆差逐年增加,贸易摩擦也随之不断积累,尤其是在知识产权领域的争端不断升级。美国作为世界上最大的发达国家,有着最严格的知识产权保护和完善的相关法律法规,贸易体制高度立法化。而中国作为一个发展中的大国,知识产权法律起步较晚,仍处于尚未成熟的阶段,不可能完全达到美国同样的标准,立法、司法、执法等方面还存在着许多漏洞。尽管入世后我国已经从这些方面进行了一系列的修改和补充,但美国对中国知识产权保护现状的不满情绪有增无减。[①] 最终引发了美国对中国的贸易战。可见,"301 条款"对我国产生了重要影响。

11 / 中国政府对"301 条款"看法是什么?

在世界贸易组织争端解决机构 2018 年 4 月 27 日举行的例会上,中国政府代表认为美国"301 条款"的单边主义性质是对以规则为基础的多边贸易体制的挑战,并呼吁成员共同反击此类单边主义和保护主义行为。美国的单边主义做法已经严重损害世贸组织基础,将世贸组织置于前所未有的危险之中。中方呼吁世贸组织成员共同努力,坚定反击美国保护主义行为。这就是中国政府对"301 条款"的看法和态度。

12 / 应对美国"301 条款"应采取哪些措施?

基于美国"301 条款"我国应采取的对策,学术界 30 年来不断有学者进行研究。如美国伯克利加州大学暨香港大学商学王康懋教授提出了中国要提高贸易谈判技术。[②] 周汉民提出,我国应尽快就恢复关贸总协定席位问题发表高层政策声明,对美国"特殊 301"条款项下可能的报复措施要有充分的

---

① 孙会敏:《301 条款、337 条款与中美贸易中的知识产权争端》,东北财经大学硕士学位论文,2013。

② 王康懋:《评析美将中国列入 301 条款名单及中国应采对策》,《国际贸易》,1991年第 7 期,第 59 页。

准备,及时研究我们可采取的反报复手段和措施。在"市场准入"问题上可以适当考虑银行金融业、保险业、运输业、咨询业、旅游业和广告业等服务业对外资适度的开放。如果美国实施"特殊301"条款项下的报复措施,则应将其提交关贸总协定秘书处,请求其根据关贸总协定的基本原则,判断是非曲直。① 基于提高保护知识产权的认识、面对与承认现实、分别法律与政治的考虑,汪涌提出了近期和长期策略,近期策略为采取断然措施切断根由解除指控;长期策略为长期的策略,应建立在对现实的理性分析上,发挥全国知识产权保护工作的办公会议制度功效,须尽早加入世界贸易组织,将中美双边争议提交多边体制内解决,以免孤军奋战。②

中国入世后应对"301条款"的策略,包括应积极主动利用DSB(WTO争端解决实体)、加强对包括DSU(谅解备忘录)在内的整个WTO体系的研究、加强WTO专门人才的培养、积极选送精通两门以上外语并通晓WTO规则(特别是精通WTO争端解决机制的专家)参加DBS专家组或常设上诉机构的遴选、加强对DSU报复条款和"301条款"关系研究、加强对"301条款"及其动态的研究、加强对"301条款"程序的研究和宣传、完善国内立法、依法行政、加大执法力度(特别是知识产权保护法的执法力度)。③ 孙会敏从政府和企业两个层面提出了一些解决措施,认为政府应该加强法律建设和提高执法力度、实施知识产权战略等,提供一个良好的政策和法律环境;企业应该提高知识产权保护意识、增强自主创新能力、培养应诉技巧,积极应对美国诉讼,并且建立预警机制做到未雨绸缪。④ 基于美国"301条款"调查对中国高新技术产业的影响,张译匀提出维护国际贸易多边机制、加强自主创新打破技术垄断、建立全球产业链体系实现互利共赢、加强国内行业协会建

---

① 周汉民:《美国301条款引发的法律问题及我们的对策》,《国际商务研究》,1992年第2期,第9页。

② 汪涌:《美国贸易法特别301条款分析与对策》,《知识产权》,1996年第1期,第14页。

③ 张桂红:《DSU报复条款与美国301条款的关系探析——兼论中国应对301条款的对策》,《法律适用》(国家法官学院学报),2002年第4期,第58页。

④ 孙会敏:《301条款、337条款与中美贸易中的知识产权争端》,东北财经大学硕士学位论文,2013。

设,提高我国国际贸易的话语权。[1] 从确定技术转让规则、利用国际峰会等平台加强对话两个维度开展中美双边投资协定谈判,发布关于 WTO 改革的中国方案,以表现出参与国际贸易新规则制定的积极姿态,以及表达出中国对于 WTO 改革的观点和利益关切。[2]

从我国学者此前提出的应对策略看,主要表现为一个弱势国家对强制、霸权国家的应对。只是近年来美国霸权欺凌主义政策的本质愈加明显暴露出来,人们对"301 条款""特别 301 条款"的本质认识愈加清晰,提出了更有建设性的对策和宏观建议,特别是近期学者的意见和观点具有一定的参考价值。

"301 条款""特别 301 条款"既是美国霸权主义政策下的产物,又是维持其霸权主义的工具。第一个方面,从微观上我们的企业要在大力发展自身实力的基础上积极应对美国"301 条款""特别 301 条款"所谓调查等,积极参与国际争端诉讼,以通行的国际规则对抗美国的国内法;第二个方面,我们要积极发挥反外国制裁法的功效,积极采取反外国制裁措施,将美国制裁功效降到最低,使美国从制裁中不能获得利益;第三个方面就是和世贸组织成员一道团结起来,反对美国的霸权主义和贸易保护主义。但我国最终应对美国"301 条款"的挑战在于坚定不移建设知识产权强国,突破我国的技术瓶颈,成为能够在政治、经济、科技等综合实力足以抗衡美国甚至在相当多的领域内超过美国的大国强国,美国的"301 条款""特别 301 条款"对我国就不会再有真正的威胁,因为我们的反制裁措施美国将承担更大的损失,它自然就不敢再在中国面前挥舞"301"大棒。

三、欧盟知识产权保护

 1 / 欧盟的知识产权保护类型有哪些?

欧盟的知识产权类型主要有以下几种:欧洲专利、欧洲统一专利、欧共

---

① 张译匀:《美国"301 条款"调查对中国高新技术产业的影响与对策》,《重庆电子工程职业学院学报》,2018 第 6 期,第 18 页。

② 卢梦霞:《中美贸易战的影响与对策——从"301 条款"出发》,《天水行政学院学报》,2019 第 4 期,第 108 页。

体商标、注册和非注册的外观设计、版权。

 欧盟的知识产权法律法规有哪些?

目前欧盟的主要知识产权法律包括:《欧洲专利公约》《欧洲专利审查指南》《欧共体商标条例》《信息社会的著作权及邻接权指令》等。

 欧盟知识产权管理体系有哪些?

欧盟知识产权管理体系如图 7-3 所示。

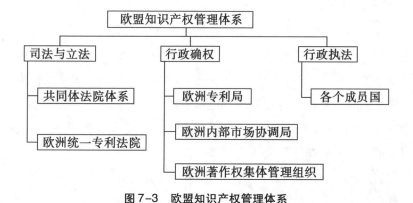

图 7-3　欧盟知识产权管理体系

(1)司法与立法。欧盟的立法体系包括欧盟法和欧洲国内法。欧盟法优先于成员国的国内法。欧盟的主要决策立法机构为欧洲理事会、欧盟部长理事会和欧洲议会。欧洲理事会是欧盟的最高领导机构,由各国元首组成。欧洲理事会负责决定欧盟的各项方针,特别是外交方针。欧洲理事会的决定由欧盟理事会和欧洲议会制定成法律。欧盟理事会由欧盟各国部长所组成,是欧盟的主要决策机构。

(2)共同体法院体系。共同体法院体系由欧盟成员国法院和欧洲联盟法院组成。欧洲联盟法院负责审理起诉欧盟机构的诉讼案件和由成员国地方法院转交的涉及共同体法的请求权威意见的案件。欧洲联盟法院下设有欧洲初审法院,其负责由个人或企业起诉共同体机构的案件。欧洲联盟法院为复审法院,成员国、欧委会的上诉案件应直接由欧洲联盟法院审理。其回复或者裁决对于请求意见的国家法院或者成员国的法院具有约束力。

（3）欧洲统一专利法院。2012 年底，欧盟通过了关于欧洲统一专利法院的同意书。欧洲统一专利法院于 2016 年正式运行。统一专利法院将包括一审法院、上诉法院和法院登记处。一审法院包括中央法庭、地方法庭、地区法庭。中央法庭总部位于巴黎，并在伦敦和慕尼黑设立两个分庭。地方法庭和地区法庭位于欧盟各成员国内。上诉法院设于卢森堡。统一专利法院仅负责涉及欧洲专利和欧洲统一专利相关的专利案件，如侵权和无效诉讼等案件，并且欧洲统一专利法院仅对欧盟成员国开放。

（4）行政确权。欧盟知识产权法的主要行政负责机构为：欧洲专利局。欧洲专利局是欧洲专利组织的下设机构，于 1977 年投入运行，负责欧洲专利的审批和异议工作，并提供国际专利检索服务。其第一总部位于慕尼黑，并于海牙设有第二总部，在柏林、维也纳和布鲁塞尔还设有分部。欧洲专利局是欧洲第二大政府服务机构，其独立运营并且具有大约 7000 名来自 30 多个不同国家的雇员。欧洲专利局每年受理大量的专利申请，包括欧洲专利公约框架下的欧洲专利申请和 PCT 国际申请。欧洲专利局每年发布前一年的年度报告，其中对专利受理数量、专利申请的主要技术领域、主要申请国家、主要申请公司等有详细而具体的数据报告。

（5）欧洲内部市场协调局。欧洲内部市场协调局于 1993 年在西班牙成立。其负责依据欧共体商标条例进行欧共体商标的管理工作，包括商标的注册事务与争议和撤销请求。此外还负责根据欧共体外观设计条例处理外观设计的注册事务和无效请求。欧洲内部市场协调局自 2012 年起，还负责管辖"欧洲知识产权侵权站"，即负责监控欧洲知识产权的侵权行为。并且，欧洲内部市场协调局还负责与知识产权相关的信息沟通、教育培训等事务。

（6）欧洲著作权集体管理组织。欧洲各个国家的著作权集体管理组织负责著作权的管理。这些著作权集体管理组织在管理本国境内的著作权授权许可之外，也负责本国作品在欧盟范围的许可授予。

（7）行政执法。欧盟的各种法令由各个成员国负责执行，即欧盟的关于海关打击知识产权侵权产品的指令也由各国海关依照执行。

4 / 欧盟的知识产权侵权纠纷如何应对?

目前,欧盟已经成为我国企业的重要市场,每年有价值上万亿的货品出口到欧盟市场。与此同时,我国企业在欧盟不断地遭遇侵权诉讼。由于欧盟对侵权行为的严厉打击,仅仅海关查扣就足以造成大量的损失,而一旦在侵权诉讼中败诉,将面临可能彻底禁止在欧盟市场销售的风险。因此,如何防止侵权纠纷已经是我国企业迫在眉睫的一项课题。

在进入欧盟市场之前,应当首先进行海外专利预警工作。该工作包括对竞争对手的分析、发生侵权纠纷的可能性,以及对主要市场国的相关法律法规和政策的分析等。充足和完善的专利预警工作,可以在产品进入欧盟市场前预估所面临的风险并根据目标国的法律法规来提前布置应对措施。例如,如果面临侵权威胁时,可以使用"鱼雷"措施,即提前在审判时间很长的国家提起专利有效性确认之诉。如此,则根据布鲁塞尔条例,由于该诉讼与侵权诉讼有相同的诉因,因此,首先受理的法院具有管辖权。从而,对方起诉侵权的法院将不得不拒绝管辖,由此达到了延长审判时间的效果。

在进入欧盟市场时,如果遇到侵权纠纷,应当采取积极的应对政策,如按时出庭、在可能的情况下提出无效抗辩或者按规定时间上诉等。如果采取消极的应对政策,例如缺席审判,则可能导致最有利于原告的结果。由于欧盟的法律法规是一个庞大而复杂的体系,因此,在卷入侵权纠纷时,应当听取专业人士的意见,使用所有可供使用的法律武器和可行的法律救济途径,以便减小损失并达到所期望的结果。

5 / 如何在欧盟开展知识产权维权?

鉴于欧盟繁杂的法律法规体系,中国企业应积极利用相关的法律法规维护自己的正当权益。首先应做好品牌的海外监控工作。根据本企业的专利布局策略,利用多渠道长期监控类似产品,等等。

遭到侵权时,首先应当及时收集充足的证据,以便在维权时做好举证工作。然后,委托律师进行维权的准备工作,向对方发送警告信,表达希望停止侵权并支付使用费用的主张。经沟通无效的,可以提起侵权诉讼。如果对方有进出口侵权物品的意向时,可以向海关申请查扣嫌疑物品。如果在紧急情况下,可以向司法机关提供担保以便申请临时禁令,请求查扣嫌疑物品。

在提起侵权诉讼时,如有可能,应当选择最有利的管辖法院。根据《布鲁塞尔条例》,多地的法院可能同时具有管辖权,此时应当根据权利人的主张选择最有利的法院。由于各国的审理经验、法律体系的不同,欧盟的法律可能在各国法院有不同的释义,并且各国法院的审理由于结合了各个成员国的国内法,在人员组成、赔付标准、审理时间上都有差异。权利人应当在考虑自己的要求和战略的前提下,选择对己方最有利的法院提起诉讼。如果对法庭判决拒不执行的,可以请求法院强制执行。

总之,我国企业应当充分利用欧盟的各项法律法规,不仅是欧洲专利公约、关于知识产权执行的指令和第 608/2013 号令等与知识产权相关的指令,并且应当积极结合其他的如与反不正当竞争、反垄断、反倾销相关的法律法规,甚至结合其他有利的国际公约和法律原则,全方位、多角度地维护自身的权益。

四、日本知识产权保护

 日本的知识产权保护类型有哪些?

(1)发明专利。日本《特许法》第 2 条规定,"发明"是指利用自然规律的技术思想的创作中的高水平创作物。按照这一规定,可将发明专利分为产品发明、方法发明、生产产品方法发明 3 种。发明专利有效期为 20 年,自专利申请日起计算。农药和医药等专利由于需要药物安全审查认可等受安全保护方面法规的约束而无法实施的情况下,可以基于专利权人的申请,在无法实施的期间(最长 5 年)的范围内进行延长。

（2）实用新型。根据日本《实用新案法》第 2、3 条的规定，实用新型是利用自然法则作出的技术创作中的涉及物品的形状、构造或其结合的创作。实用新型采用无实审登记制，保护期限为自申请日起 10 年。

（3）外观设计。根据日本《意匠法》第 2 条的规定，外观设计专利保护针对物品（包括物品的局部）的形状、图案或色彩或者其结合所作出的能使观看者感受到美感的设计。外观设计专利采用实质审查制，授权后公开，申请人可要求提前审查。自 2005 年起，外观设计申请人在发现侵权仿制品后可向日本特许厅（JPO）提出请求，JPO 即对其申请案实行优先审查，并于 1 个月（普通申请为 8 个月）内结案。外观设计保护期为自申请日起 25 年。

（4）商标。日本《商标法》中的商标，指下列文字、图形、标记、立体形状、它们的结合或者它们与色彩的结合：①在营业生产中，生产、证明或者转让商品的人在商品上进行使用的；②在营业中，提供或者证明服务的人在服务上进行使用的。在前述服务中，应包括在零售和批发业务中开展对顾客提供便利条件的，即日本保护平面商标和立体商标，不保护音响商标。保护期为自注册日起 10 年，可无限次续展，续展期为 10 年。

（5）著作权。保护客体是著作物、表演、唱片、广播和有线广播有关的著作人的权利及其邻接权利。保护期限是著作权人死亡或第一次出版之日起 50 年，电影著作权在公布后 70 年内受到保护。著作权人对其作品享有三项人格权利：发表权，署名权，保持作品完整性权。

（6）商业秘密。日本《不正当竞争防止法》第 2 条 6 规定，商业秘密是指作为秘密进行管理，尚未众所周知的生产方法、销售方法及其他经营活动中实用的技术上或经营上的情报。按照这条的规定可知，其商业秘密必须具备 3 个条件：①必须是作为秘密进行管理，指的是此种管理达到第三人不以非法手段就不能获知其商业秘密的程度；②必须在经营活动中有实用价值的技术上或经营上的情报，主要指在经营活动中被采用，并取得经营效益或得到改善，并非任何情报都可以成为商业秘密；③尚未众所周知，是指除了商业秘密持有者的管理，其他人在正常情况下不能得知的状态。然而，由于反向工程得知某一项技术的情况错综复杂，则需要结合具体案件进行具体分析。

（7）植物新品种。日本是亚洲最早实行植物新品种保护制度的国家。

受《农业种子和种苗法》保护的植物包括种子植物、蕨类植物、苔藓类植物、多细胞藻类和其他植物。此外,日本还将蘑菇列入受保护品种的范围,这一规定涵盖了几乎所有在日本农业中种植的蘑菇品种。对育种者权利的保护期限规定为自授予品种权之日起满 25 年,如果申请保护的品种为木本植物则为 30 年。

(8)集成电路布图设计。日本《半导体集成电路线路布局法》保护的客体是"线路布局"(circuit layout),其定义见于第 2 条第 2 款,即:"线路布局"是指在半导体集成电路中的电子元件及连接这些元件的导线的布局。集成电路布图设计保护期限为自登记之日起 10 年。

② 日本知识产权管理体系是什么?

日本知识产权管理体系具体包括:

(1)行政机构。经济产业省下设的日本特许厅负责发明、实用新型、外观设计的审查,以及商标的注册。文部省下属的文化厅负责著作权的管理工作。农业水产省负责植物新品种的审查和登记,以及实施种苗法。软件情报中心半导体电路登记部负责集成电路的登记。日本特许厅(JPO)的前身是 1885 年设立的"专卖特许所",现为隶属于经济产业省的政府机构。JPO 的主要职责为:工业产权申请受理、审查、授权或注册;工业产权方针政策拟订;工业产权制度的修订;工业产权领域国际合作;为促进日本产业发展,对工业产权信息的完善。特许厅机构设置:日本特许厅管辖的范围除专利外还包括商标。文部省负责管理著作权,计算机软件也成为著作权法保护的对象。对著作权的管理,除政府职能部门外,民间还成立了各种社团法人性质的协会,如计算机软件著作权保护协会、音乐著作权保护协会、艺能实演家团体,协议会、私自录音补偿金管理协会等。参加这些协会的会员是日本和外国的著作权企业法人、作家和艺术家,各协会以著作权法等为武器,保护其会员的知识产权,协助会员调查收集侵权证据,提供法律咨询服务,并参与侵权纠纷的解决,接受法院委托提供鉴定意见。日本农林水产省负责实施种苗法。对植物新品种,培育者认为有经济价值,有必要获得知识产权保护的,可以提出申请。农林水产省对于申请保护的品种,除进行文件审查外,还进行实地调查或栽培实验,以确保新品种的质量和真实性。

(2)司法机构。日本的法院分为最高法院和下级法院,下级法院又分为地方高等法院、地方法院、家庭法院和简易法院。在审级上,简易法院、家庭法院和地方法院是同级法院,案件实行三审终审制,二审称为控诉审,三审称为上告审。地方法院原则上是一审法院,地方法院的设置是各都府县分别设置 1 个,但北海道设置 4 个地方法院。日本知识产权诉讼实行专属管辖,技术性强的案件(包括专利权、实用新型权、半导体集成电路权、有关计算机程序的著作权等案件)审理由东京地方法院和大阪地方法院专属管辖,还专门组建了东京的知识产权高等法院作为这类案件的上诉法院;技术类案件以外的知识产权案件(包括外观设计权、商标权、计算机软件以外的著作权、著作邻接权、品种权以及因不正当竞争侵害商业利益等案件)审理由包括东京、大阪地方法院在内的 50 个地方法院管辖院,这些案件的二审则由地区法院所在地的高等法院管辖。知识产权高等法院是在 2005 年依据修改后的《民事诉讼法》(2004)、《法院法》(2004)和新制定的《知识产权高等法院设置法》(2004)等,由原来的东京高等法院组建而来的。其设立宗旨在于提高知识产权案件审判,尤其是二审的审判速度和专业性,消除知识产权司法的相对模糊地带,使相似案件的审判具有更高的确定性和可预见性。知识产权高等法院不仅就知识产权纠纷的民事案件的二审能够进行集中审理,而且对于不服特许厅决定的行政案件也享有专属管辖权。当事人如果不服特许厅就专利审查所作出的决定,可以直接起诉至知识产权高等法院。这样特许厅的审理活动实际上成为一审,而知识产权高等法院的审理实际上成为二审。

(3)日本知识产权行政执法主要由海关和警察进行。

海关:日本海关法规定,遭受知识产权侵害的日本企业有权向海关提出禁止进口商品侵权的请求。受到海关执法程序保护的知识产权,海关有权没收侵权货物、处置侵权货物或责令进口人退运侵权货物。日本海关的知识产权保护基本流程是:(接受)进口申报 必要时的物理检查(主要针对单据、票据) 查验货物(有重大侵权嫌疑时) 调查,认定(充分听取权利人与进口人意见) 放行或没收。

警察：日本警察部门可以调查专利侵权的刑事责任问题,而且,其刑事救济没有门槛或门槛极低。

 / 应如何应对日本知识产权侵权纠纷?

(1)了解关于日本知识产权的法律法规。例如与日本知识产权有关的基础法律法规、司法组织、禁令程序、海关保护、侵权诉讼、举证规则等。尽管日本企业知识产权的基本制度与中国类似,但企业不应忽视中日之间在实体和程序规则上的差异,要特别关注和把握涉及当事人诉讼权利以及具有时限要素的程序(尤其申请、禁令、诉讼等)。中国企业还要及时跟踪具有判例效力的日本最高法院的判决,尤其与产品进口、侵权诉讼有关联的重要判例,避免想当然地认为不构成侵权。

(2)掌握日本知识产权执法机构以及服务机构。对于中国企业来说,首先要多了解和掌握与日本知识产权相关的执法机构和服务机构,例如与知识产权有关的裁判所的审级架构和专属管辖,海关等专门机构的信息。事先掌握日本专业律师事务所、特许事务所、律师、专利代理人等信息,以避免当发生纠纷诉讼时,乱了方寸,无法得到好的专业服务。

(3)展开调查。针对企业自身的产品及服务特点,预先展开进行调查,以了解竞争对手的产品及服务,以及潜在的起诉方,等等。开展调查,需要多方参与,根据企业自身的情况,可聘用国内知识产权服务机构以及日本当地专业机构。对于产品出口到日本的企业,应尽量在贸易协议中加入有助于减少己方承担侵权责任的条款。这样一来,即使被卷入诉讼,也可以主张不具有共同侵权的共识,或者即使承担共同侵权责任,最终也能从日本甲方处挽回一些损失。

(4)组建专利管理团队。对于中国企业来说,组建适合企业自身的专利团队,提升专利能力,才能够在将来的专利纠纷中有所作为。企业知识产权团队的组建,可由企业首席执行官和核心部门负责人组成知识产权战略制定和决策机构,由具体执行机构负责执行决策机构的战略意图。

(5)检索在先知识产权。中国企业应该针对相关在先知识产权文献进行检索,争取预先规避风险。检索范围可包括商标、外观设计、实用新型、发明专利等知识产权。针对技术含量较高、检索难度较大的技术领域,除了利用自己的专业人员和数据库之外,在必要时可聘请专业机构来进行检索、制作专利地图等。

另外,在技术设计中,在充分了解他人专利的情况下,设计一种不同于他人专利的方案,由此实现专利规避。

(6)确定应诉的态度。如果企业在全面衡量胜诉概率、市场前景、诉讼成本、时间成本等诸多因素后,认为坚持应诉弊大于利,则应该放弃市场。例如,当涉嫌侵权的产品一定落入他人知识产权保护范围,或者所涉产品市场前景不值得继续投资时,可尽快停止侵权产品的制造、进口和销售,从而减少损失扩大。

(7)选择日本当地诉讼代理人。中国企业应该选好日本当地诉讼代理人,如专业律师事务所、知识产权事务所、律师、专利代理人(辩理士)等。事务所的总体实力,律师的知识背景、办案履历、感悟能力、语言交流能力等等非常重要。对专利诉讼等对技术背景有较高要求的,要求具有相应技术背景、诉讼经验的律师或者律师团队,另外也要关注律师团队的外文功底和检索能力。总之,中国企业内部团队应当采取适当的方式,对委托的当地代理人摸底,确认其能够清楚地把握系争的技术问题和焦点,并能够简练、明确地加以表述。

(8)在诉讼前和诉讼中积极采用和解。中国企业应充分利用收到警告函到诉讼之前的时间。在这段时间里,除了确认应诉策略、组建应诉团队、准备应诉材料之外,还可以在处于劣势的情况下谋求诉前和解,或者在有确切不侵权证据的情况下,有理有节地回应对方的警告函,展示己方的充分准备和坚持到底的信心,说服对方撤诉。同样,在诉讼过程中,中方企业也要注意,只要时机适当,和解是可以随时进行。近年来,随着日本知识产权立法和司法的改革,近似案件的审判标准已经趋于相同,因此不少案件审判结果的可预见性较大。在这种情况下,听取代理人的专业意见,权衡利弊并提前和解,也不失为一个良策。和解也是企业节省费用、避免诉累的途径。

(9)事先准备和收集各类确凿有用的证据。专利侵权诉讼中涉及的证据具有技术性强、知识面广、数量众多、种类繁杂等特性,取证过程本身往往就是借助科学技术等手段来提取、分析、审查、判断和确认证据的过程,因而对专利侵权诉讼证据的收集、审查、判断和确认就比其他民事诉讼证据的相关工作更为复杂和困难。在证据难以挖掘、获取和分析,容易丧失、散逸的情况下,考虑到日本在民事诉讼程序中对证据信息的披露更为严格,进行专利诉讼的企业尤其要重视证据的准备。

 如何在日本开展知识产权维权?

(1)要建立适合企业自身实际的知识产权管理和保护体系,包括海外知识产权预警机制。对企业核心技术与品牌进行有效监控,及时掌握日本的商标注册、专利申请动向。

(2)要加大投入,在日本市场主动提交商标注册申请及专利申请,建立完善的知识产权保护和防御体系。

(3)采取不同措施,对相关市场的贸易壁垒根据不同情况采取行之有效的消除措施。例如,针对其他企业或者个人的商标恶意抢注行为,依据日本的法律提出商标争议以及撤销程序。对于技术壁垒,可利用专利无效程序予以消除。

(4)对自身核心技术以及输出产品所含相关技术在日本市场的专利状况进行分析预警,提前消除相关市场的法律风险。

(5)加强国内企业间的信息交流与共享,整合各自优势,充分利用国内的有效机制,利用集体力量维护中国企业在日本市场的合法权益。